1

ベンチャービジネス研究

地域おこし、資本政策、IT技術、ファイナンス、物流管理、ダークツーリズム

追手門学院大学ベンチャービジネス研究所［編］

村上 喜郁／宮宇地俊岳／中野 統英
岡崎 利美／宮﨑 崇将／井出 明［著］

追手門学院大学出版会

発刊の辞

バブル経済の崩壊以来、日本経済の「失われた10年」と言われてから既に10年以上が経ち「失われた20年」と言われています。このように経済の長期停滞によって日本国内の企業数も減少の途をたどり、学生の就職にもマイナスの影響が続いてきました。

このような近年の歴史を踏まえ、政府も新規創業を支援する施策を様々に打ち出して来ています。ベンチャービジネス研究所でも、その名の由来となったベンチャービジネスを支援するため、追手門学院大学経営学部の教員を中心にオムニバス形式の授業を行い、その講義内容をベンチャービジネス研究所で体系化し1冊の本として編綴しました。

大学の役割として、第一義的には教育があることはもとよりですが、研究者の研究業績や知見を広く社会に役立てることも重要な任務と考えています。本書は、学生教育に携わってきた教員が永年に亘って研究してきた成果を、多くの卒業生や社会で創業を目指す方たちの一助にできればという強い気持ちでまとめたものです。

これからも、追手門学院の建学の理念とする、「独立自彊・社会有為」、社会に役に立ち、独立心に富む有為の士を育てると同時に、経済社会の発展に寄与できる研究とその成果の社会への発信に一層力を入れて行きます。

2016年3月

追手門学院大学
ベンチャービジネス研究所所長　田淵　正信

はじめに

ベンチャービジネス研究所では平成27年度、新たにベンチャービジネス研究の成果を取りまとめ『ベンチャービジネス研究』として発刊を始めます。この祝すべきに『ベンチャービジネス研究』第1巻は経営学部の次の若手研究者6人によって執筆されました。

1．村上准教授は『ベンチャービジネスと地域おこし』と題して、ベンチャー的な手法を利用した地域おこしというテーマで、新しい考え方を提起しています。ご当地グルメによる地域おこしの具体例を紹介されています。

2．宮宇地准教授は『ベンチャービジネスと資本政策』と題して、ベンチャー企業が新規のアイデアや技術を事業化するなかで、必要な資金調達について論じています。ベンチャー企業の一つの目標である株式公開を成功させるための考え方や位置付けを整理しています。

3．中野准教授は『ベンチャービジネスとIT技術』と題して、メーカーの新規事業への参入と特許への対応について論を進め、キヤノンが普通紙複写機（PPC）事業に参入した時に、米ゼロックス社の保有する特許をいかに回避したかを詳しく解説しています。

4．岡崎准教授は『ベンチャービジネスとファイナンス』と題して、ベンチャービジネスで資金が特に必要な、創業時と成長期の初期の資金繰りの特性や資金調達方法について解説しています。また、近年注目されているクラウドファンディングにまで論を拡張しています。

5．宮﨑専任講師は『ベンチャービジネスと物流管理』と題して、物流についての詳しい解説をベースに、近年のインターネットと通信販売のビジネスモデルにおける適切な物流システムの構築の重要性について解説されています。

6．井出准教授は『ダークツーリズムの可能性』と題して、近年注目される負の歴史的な遺産を維持し、その原因にまで遡っての研究がその遺産を抱える地域起こしに繋がり、また、地域での負の遺産の適切な取り扱いが地域の名声や誇りの形成や発展に寄与すると論を展開しています。

以上の通り、6人の著者による多岐に亘るテーマが論じられ、各著者による幅広い研究成果を世に出すことが出来たと喜んでいます。

これからも、ベンチャービジネスの研究を進め、地域や社会に貢献していきたいと思いますので、引き続きご指導ご鞭撻くださいますようお願い申し上げます。

2016年3月

ベンチャービジネス研究所所長
経営学部教授　田淵 正信

目次

1章

ベンチャービジネスと地域おこし

追手門学院大学経営学部准教授　村上 喜郁

1　ベンチャー的な手法を使った地域おこし

本章は「ベンチャービジネスと地域おこし」[1]というタイトルになっています。「ベンチャービジネス」と「地域おこし」はつながりにくいテーマであると思われるかもしれません。ここでは、「ベンチャービジネスを作り、ベンチャービジネスそのものでまちおこし、地域おこしをしよう」というのではなく、「ベンチャー的な手法を用いた地域おこし」というお話をしたいと思います。そして、メインとなるのは、私の研究テーマである「ご当地グルメによる地域おこし・地域振興」になります。ご紹介する事例は、大変ベンチャー的な手法でまちおこしをしています。「ベンチャー的な方法論を地域振興にこういう風に活用出来るのか」ということを知っていただければと考えています。

(1)「ベンチャービジネス」という言葉の一般的な意味

私は、まず何かについて考えるとき、一番最初にすることは、『広辞苑』を引くことです。そうすれば、少なくとも我々が使っている言葉としての意味・内容をほぼ間違いなく（大まかにではあれ）認識することが出来ます。

まず「ベンチャー」という言葉を『広辞苑』で引くと、最初に「冒険」と書かれており、これは「アドベンチャー」と同じような意味だと分かります。そして、二つ目には「投機」と書かれています。「投機」は「投資」にも似ていますが、「機」が言葉に含まれ、「機」すなわち、チャンスに対して何か（例えばお金）を投げ込む、投下するという意味です。そして、線が引かれていて「キャピタル」とあり、「ベンチャービジネスに対して出資および貸付けを専門に行う企業。また、その資金」とあります。これはどういうことかというと、ベンチャー的な事業、要するに「冒険的な投機」に対して、お金を貸し付ける、あるいは投資するというものが「ベンチャーキャピタル」になるわけです（また、そのお金自体も「ベンチャーキャピタル」と呼びます）。

では、「ベンチャービジネス」という言葉は、どういう意味で使われているのでしょうか。ご存じのように、「ベンチャービジネス」という言葉は純粋な英語ではなく、日本人しか使わない和製英語です（英語でこれに相当する言葉は〝startup business（設立して間もない企業）〟や〝emerging business（生まれつつあるビジネス）〟などがあります）。『広辞苑』には、「創造力・開発力をもとに、新製品・新技術や新しい業態などの新機軸を実施するために創設される中小企業」

と書かれています。言い換えれば、今ある企業が、今までやってきた事業の続きで事業を行うのではなく、何か新しいことを始めて、事業化するということです。また、その事業はいきなり大きな事業になるわけではないので、最初は中小企業であることが多いということになります。つまり、「ベンチャービジネス」とは、「『何か、新しいことを始めよう』ということがビジネスになる」ことなのです。

(2)「ベンチャービジネス」と「新結合」

一方で、「ベンチャービジネス」という言い方をすると、ハイテク分野の研究開発型の企業、例えば、新しいものをITで創り出すものなどが注目されがちです。しかし、必ずしも『ベンチャービジネス」はハイテク企業を指すわけではありません。新しい事業、今までみんながやっていない事業を行う場合、一次、二次、三次すべての産業分野を含んだビジネスで、新たに創り出された事業はすべて「ベンチャービジネス」であると理解されるのです。

そういった意味において、文系の学問を勉強してきた人は、何か技術的に新しいものを創り出すことを普通はしませんし、出来ません。しかし、「ベンチャービジネス」を始めることが出来ないかというと、そうではないのです。今まで誰もやっていなかったビジネスに挑戦すれば、それは「ベンチャービジネス」になるからです。

例えば、シュンペーターという経済学者は「イノベーション(革新)」という概念で有名ですが、彼は著書『経済発展の理論』の中で「新結合」という概念を提示しています。経営学者であるクリステンセンは、「新結合」のことを、「一見、関係なさそうな事柄を結び付ける思考」と言っています。すなわち、今まで関係なかったものを組み合わせて、新しいもの、新しい価値を生み出すことになります。先に示したように、ＩＴ系や技術開発系の事業は、新しい発見をしたり、技術を創り出したりするという点において、「ベンチャービジネス」であると言えます。しかし、そういった事業だけではなく、今まであるものを組み合わせることにより、新しいビジネスを創り出すこともまた「ベンチャービジネス」なのです。

また、「ビジネス」という言葉は、日本語では「お金儲け」という意味で使われがちです。しかし、「ビジネス」は必ずしもお金儲けだけを指しているわけではありません。〝business〟を日本語に訳した場合、「事業」となります。例えば、道をひいたり橋を架けるような公共「事業」も、広義では「ビジネス」の中に入ります。ですから、本章のテーマ「地域おこし」や「地域振興」も、広い意味では「ビジネス」に含まれます。

そこで私は、「ご当地グルメ」と「地域おこし」という、今まではあまりなかった組み合わせに注目し研究を始めました。

2 どうして「食」で「地域おこし」なのか

私は、追手門学院大学に来る前は、「観光」を専門にする大学に勤務していました。そこで、大学のために、あるいは観光を勉強する学生のために、観光の研究をしようと思い立ちました。そして始めたのが、この「ご当地グルメで地域おこし」をするという研究です。これは後に、現在の研究課題としている「ガストロノミーを基本概念としたフード・ツーリズム開発」の研究に発展していきます。

「ガストロノミー」や「フード・ツーリズム」と言われても、一般的な言葉ではないのでよく分からないと思います。簡単に説明すれば、「ガストロノミー」というのは、一般に「美味学・美味術」と呼ばれるもので、「どうすれば美味しいものが作れるのか」、あるいは「美味しいものに関わる学問の体系、整理された知識」ということを指しています。この概念をベースにして「フード・ツーリズム」、すなわち「『食』を目的とした旅」を開発しようということです。それぞれの地域、地方には美味しい食べ物がありますが、そのまま放っておいても、ただ地元の人が美味しく食べるだけです。そこで、それを上手く活用して他地域から人を呼ぶ、旅行に来てもらい、地域を活性化させようということ、これが「ガストロノミーを基本概念としたフード・ツーリズム開発」なのです。

（1）「食」が旅の目的にある例『ミシュランガイド』

例えば、一番分かりやすい事例として、『ミシュランガイド』が挙げられます。皆さん、『ミシュランガイド』をご存じだと思います。現在は日本のどんな本屋さんにでも置いてあります。小さな辞書大の赤い本で、日本では『ミシュランガイド東京２０１６』、『ミシュランガイド京都・大阪２０１６』といった形で出版されています。表紙には、「ビバンダム」という白いタイヤで出来たキャラクターの絵の帯が付いています。

これは、ミシュランという会社が出しているガイド本なので『ミシュランガイド』と呼ばれているのですが、そもそもこのミシュランという会社が、タイヤメーカーのミシュランと同じ会社であったことはあまり認識されていません。なぜ、タイヤの会社がレストランのガイドを作るのか。フランスにおける「モータリゼーション」（自動車が大衆化する）過程で、「よりたくさん距離を走ってもらい、タイヤを使ってもらおう」というキャンペーン的な形で、『ミシュランガイド』は始まりました。「自動車で食事のためにレストランに行くと、自動車のタイヤがすり減り、タイヤを買い替えなければならなくなり、タイヤメーカーであるミシュランが儲かる」こういう理由で、地図から始まったのが、この『ミシュランガイド』なのです。

よく「ミシュラン一つ星、二つ星、三つ星」などという言い方をします。この星は、ただ量的に数を表しているのではありません。それぞれに意味づけがあるのです。一つ星は「その分野で特に美味しい料理」、二つ星は「遠回りをしてでも訪れる価値がある料理」、三つ星は「それを味わうた

表1　観光資源の分類

自然資源	人文資源Ⅰ	人文資源Ⅱ
山岳 高原 原野 湿原 湖沼 峡谷 滝 河川 海岸 岬 島嶼 岩石・洞窟 動物 植物 自然現象	史跡 社寺 城跡・城郭 庭園・公園 歴史景観 年間行事 碑・像	橋 近代公園 建造物　※1 観覧施設Ⅰ　※2 観覧施設Ⅱ　※3 観覧施設Ⅲ　※4
	※1　建造物—都市建造物、産業観光施設、その他建造物 ※2　観覧施設Ⅰ—動物園、植物園 ※3　観覧施設Ⅱ—博物館、美術館 ※4　観覧施設Ⅲ—水族館	

（財）日本交通公社調査部編（1994）『観光読本』東洋経済新報社

めに旅行する価値がある卓越した料理』を指しています。つまり、「三つ星」のレストランは、旅の目的地であり目的であるわけです。これはまさに「フード・ツーリズム」であると言えるでしょう。

(2) 旅の目的と開発の難しさ

ただ、一般的に「旅行」といった場合、食べ物が目的になることもありますが、普通は観光地が目的になる場合が多いのです。**表1**の観光資源の分類は、日本交通公社が「どのようなものが、観光の対象となるか」というものをまとめたものです。例えば、「自然資源」には、山岳や高原、原野、湿原、湖沼、峡谷、滝、河川、海岸、岬など、主に地形が挙げられており、「自然遺産」と呼ばれるものは、これに当たります。美しい景色が見える、風景が綺麗なものなどは観光の対象になり、「それを見に行こう」となります。

それに対して、「人文資源Ⅰ」は史跡、社寺、城跡・城郭、庭園・公園、歴史景観、年間行事などが含まれています。いわゆる「文化遺産」というものが、これに当たります。例えば、「ユネスコの世界遺産」です。日本では、京都に清水寺、金閣寺、二条城など多くの歴史的遺産があります。それを見ようと京都には多くの観光客が集まっています。

「人文資源Ⅱ」は、近代公園、建造物、観覧施設などで、動物園、植物園、博物館、美術館、水族館も含まれます。これらは、比較的最近作られたものであることが分かると思います。

ここで特に指摘したいことは、「自然資源」や「歴史的遺産」は急に作り出せないということです。例えば、「山を造って、みんなに見てもらおう」ということは無理です。「綺麗な海岸を造り出す」ということも、難しいでしょう。また、「歴史ある社寺や神社もお城も、急場で作る」ことは出来ません。

しかし、人文資源Ⅱに分類されているものは、頑張れば作ることが出来ます。例えば、「USJ（ユニバーサル・スタジオ・ジャパン）は、2015年10月の来場者が175万人、単月で過去最高だったそうです。新しく増設したハリーポッター・エリアとハロウィーンのイベント効果を受けての大幅な増加で、年間来場者は1,000万人を超える状況です。観光対象としては、人がやってくるので非常にいいことです。しかし、一方で、ハリーポッター・エリアの総工費には450億円かかっており、様々な地域において出来るものではありません。もちろん、観光客を増やす効果はてき面ですが、どこの地域でもUSJが作れるかというと、それは極めて難しいと言わざるを得ないでしょう。

資金があれば、ある程度の可能性で観光対象は作ることが出来ます。しかし、それだけの資金力のある地域が、どれだけあるのでしょうか。あるいは、どの地域にもＵＳＪのような魅力のある施設は誘致出来るでしょうか。もし、お金があったとしても、観光施設の開発には非常に困難が伴い、どこの地域でもやることが出来るかというと、大きな疑問符が付きます。

(3) どうして「食」を用いた観光開発なのか

そこで、私は「フード・ツーリズム」開発という方法に注目しました。そこには、三つのポイントがあります。それは、「①開発の可能性」、「②開発にかかる資金の少なさ」、「③他の産業への波及効果」です。

一つ目のポイントは、「開発の可能性」です。「観光の対象を作り出そう」というときに、頑張って探せば、その地域に一つ、一つは美味しいものがおそらくあるはずです。もしかすると、それが観光資源になるのではないかということです。もちろん、すべての地域とは断言しません。しかし、ある程度の地域で可能性があることが予測されます。

二つ目のポイントは、「開発にかかる資金の少なさ」です。先にも述べたように、テーマパークなどのような大型集客施設を建造すれば、観光客は集まります。一方で、それには膨大なお金がかかります。それに対して、すでに地域に存在する食べ物を活用したツーリズム・旅行の開発は、いわゆる箱物を必要としません。もちろん必要な場合もありますが、なくても出来る方法があります。

最後のポイントは、「他の産業への波及効果」が高いことです。「食」による観光が活発になれば、「第一次産業」、「第二次産業」、「第三次産業」のあらゆる産業に影響を与えます。例えば、「第一次産業」では、他地域から来た旅行者によって一次産品（農水産品、畜産品など）が消費され、地域にお金が落ちます。さらに、「第二次産業」の製造業では、一次産品を加工して製品を作ります。例えば、肉からソーセージを作ったり、牛乳をパックに詰めたり、いろいろな形で製品を作り出します。もちろん、それがお土産になることも考えられます。「第三次産業」では、人を運ぶ運輸だけでなく、外食、宿泊業などのサービス業は、商品・サービスを提供します。電車に乗って地域へ行き、レストランで食事をして、ホテルに泊まります。地域にはその代金が落ちるわけです。

「食」を目的とした旅、フード・ツーリズムが地域内で開発されることにより、ただ食べ物が売れるだけではなく、様々な産業に様々な波及的な効果が生まれることが予想されます。そして、地域の様々な住民にお金が落ちるのです。

（4）「郷土料理」と「B級ご当地グルメ」

ここまで述べたように「（いわゆる）観光資源（と考えられていたもの）がない地域でも、「食」を上手く活用すれば、観光開発の可能性があるのではないか」と考え、私は「ガストロノミーを基本概念としたフード・ツーリズム開発」を研究テーマとしました。そして、特に「B級ご当地グルメ」に注目しました。多くの皆さんに、「なぜ、B級ご当地グルメなのか」という問いをいただきます。結論から言うと、私は面白そうだったので、これを選んだのですが、私が何を面白く感じたのかを「B級ご当地グルメ」とは何かを確認しながら見てみましょう。

まず、「グルメ」という言葉はフランス語の〝gurumet〟で、「食通・美食家」という意味があります。特に日本語で使う場合は、「美味しいもの」という使い方をしている場合がよくあります。それを「ご当地」という言葉にひっつけると「ご当地グルメ」となり、「地域の美味しいもの」というような意味になります。

「ご当地グルメ」という言葉に似た言葉で、「郷土料理」という言葉があります。これらは同じものかというと、まったく同じではありません。地域の農水産業とのつながりが強く、戦前からあるような料理を特に「郷土料理」と呼んでいます。先ほど説明した「歴史的な資源」と同じように、急に郷土料理を作り出すことは出来ません。もちろん、郷土料理を使ってフード・ツーリズムを開発することも可能ですが、仮に有力な郷土料理がない地域でも「ご当地グルメによる観光開発」はあり得るのです。

一方で、「B級ご当地グルメ」という言葉もあります。さて、ここでなぜ（あえて）「B級」という言葉を使っているのでしょうか。「B級」というのは、一般的な用法では「A級に次ぐ第2位の等級」という意味です。「あの映画は、B級映画だ」とか、品物では「B級品」などという使い方をします。しかし、ここで用いている「B級ご当地グルメ」の「B級」はそういった意味ではありません。ここでいう「B級」は、「誰でも食べられる」、「大衆性がある」、「廉価な」という意味で使っているのです。ですから、「B級ご当地グルメ」というのは、「大衆性のある、地域の美味しいもの」と理解してください。

表2は郷土料理とB級ご当地グルメの特性を整理した表です。横軸に「郷土料理」と「B級ご当地グルメ（発掘型と開発型）」、縦軸に「①歴史・経緯」、「②一次産品との関係」、「③取扱店舗の集積」の3つの項目を置きました。

「郷土料理」の場合は、歴史的な経緯があり、一次産品（農水産品、畜産品）とのつながりが強いのですが、郷土料理は家で食べるものなので、普通、郷土料理を食べることが出来るレストランなどの集積はあまりありません。そういう意味において、郷土料理でフード・ツーリズム開発をしようとすると、その郷土料理を食べることが出来る場所を確保する必要があることが分かります。

B級ご当地グルメは、「発掘型」と「開発型」の2パターンに分けています。「発掘型」の場合は、歴史的な経緯があります。特に、戦後から高度経済成長期にかけて、食べ物がない時代に「何とか、美味しいものを作って食べよう」という工夫の中で生まれた食べ物、例えば、粉もの類などがそうです。また高度成長期では、どんどん人口が増える中で、労働者や学生たちに「安くて、美味しいものを食べさせよう」という工夫の中から生まれたものです。このように一定の歴史的な経緯はありますが、一次産品とはあまり関係がありません（例えば、大阪で言うと、お好み焼きやたこ焼きは、大阪の一次産品とはほとんど関係ありません）。しかし、労働者や学生に食べさせるというこ

表2　郷土料理とB級ご当地グルメの特性

地域の料理 ＼ 差別化の要因	郷土料理	B級ご当地グルメ	
		発掘型	開発型
①歴史・経緯	○あり	○あり	△必要性あり
②一次産品との関係	○強い	×なし	△必要性あり
③取扱店舗の集積	×なし	○あり	△必要性あり

村上喜郁(2010)「ご当地グルメの競争優位構築に関する予備的考察」『大阪観光大学紀要 開学10周年記念号』

とを考えているので、食べることが出来る場所は集積しています。

それに対して、「開発型」はすべて「必要性あり」となっています。これは、例えば、「地域おこしのために、新しいメニューを作りましょう」というパターンです。これは「①歴史・経緯」、「②一次産品との関係」、「③取扱店舗の集積」のすべてが「必要性あり」で、何かしらの関係を意図的に作り出さなければなりません。言い換えれば、B級ご当地グルメの開発は可能ではありますが、非常な困難が伴うということです。

次節では、成功しているパターンが比較的多い「B級ご当地グルメ」の「発掘型」について見ていきます。

3　「熱意」と「知恵」で地域おこし

本節では、あまり資金をかけずに地域おこしに成功した「B級ご当地グルメ」の事例を解説したいと思います。まずは、そもそも「B級ご当地グルメ」とは何かという点について見てみましょう。

（1）「B級ご当地グルメ」とは何か？

まず、「B級ご当地グルメ」というものはどういうものかについて、成功事例である「B－1グランプリ（ご当地グルメでまちおこしの祭典！B－1グランプリ）」[2]の主催団体の「愛Bリーグ（ご当地グルメでまちおこし団体連絡協議会）」の定義を挙げ説明しましょう。愛Bリーグによれば、「B級ご当地グルメ」とは……

（1）食べたら旨いと絶対の自信をもっておすすめできるものであること。
（2）地元の人が日常的に食べているもの、又は日常的に食べることができるものであること。
（3）食材ではなく、料理として提供されるものであること。
（4）特定の一飲食店のメニューではなく、その街に行けば複数の店で提供していたり、一般家庭で食べることができるものであること。

出所：ご当地グルメでまちおこし団体連絡協議会会則7条2（2006年時点）

すなわち、B級ご当地グルメとは、普段、特定の地域の住民が食べているものであるということ。急に作った名物料理よりも、自分たちが普段食べているものが大事だということ。そこでは、地域の多くの人がその料理を食べる中で、多くの店舗が経営され、また店舗間で競争が起こり、各店の味がさらに美味しくなっていきます。その地域に行けば、食べることが出来る場所が複数あり、野菜などの一次産品ではなく、あくまで料理であること（例えば、キャベツではなく、お好み焼き）も大切です。特定・単一の店でしか提供していない有名な食べ物を取り上げてやると、その店だけが儲かるということになりかねません。つまり、まちおこし、地域おこしにつながりにくいのです。そこで、一定の地域に複数の店があり、地元の人がいつも食べていることが大事だと強調されています。また、この観点から見ても、今まで資源であると考えられていなかった比較的新しい料理を「発掘型B級ご当地グルメ」として活用することは、非常に有用なのです。

（2）地域の「焼きそば」で地域活性化

いろいろなところでご当地グルメが作られ、ご当地グルメを使った運動、イベントなどが行われています。多くの場合は単なるグルメ・イベント（……要するに、人を集め、そこでものを売って、お金を儲けるという、単なる集客イベント）をイメージしがちです。しかし、実はすべてがそうではありません。特に本章のテーマ「ベンチャービジネスと地域おこし」で言うと、大事なことは「地域を知ってもらうためのイベント」だということです。そこでもお金儲けは生まれますが、それは中心ではなく、その品物を売ることを通じてその地域を知ってもらうこと、そして来てもらうこと、そこで観光をしてもらうことこそが本来の目的なのです。そこには経済活動があり、地域が潤って欲しいという活動なのです。あくまでグルメは、そのためのツール・道具なのです。要するに、地域おこしのための道具として、「ご当地グルメ」を使うということです。

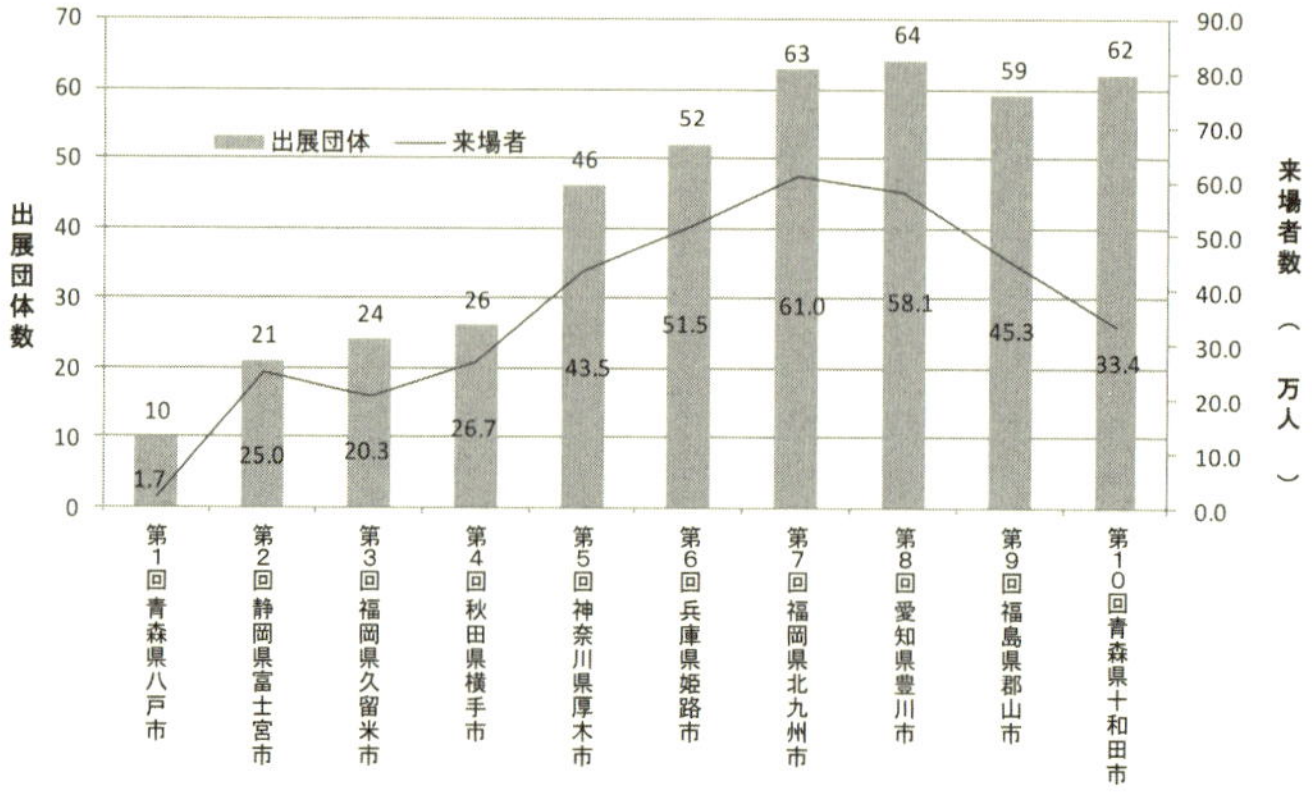

図1　「B−1グランプリ」出展団体数と来場者数
筆者がプレスリリース、新聞報道等を整理して作成。

ここでは成功事例として、「B－1グランプリ」を挙げました。「B－1グランプリ」は、当初、参加団体10団体で、10万人程度を集めるサイズのイベントでしたが、現在の出展団体は60を超え、開催地によっては来場者が50万人を超える超巨大イベントです。**図1**は、「B－1グランプリ」出展団体数と来場者数の推移を表した図です。

「富士宮やきそば学会」は、初期の「B－1グランプリ」を中心的に推し進めた団体です。富士宮やきそばの地域おこし活動の開始以来、その経済効果は664億円という推計も出ています。これには、関東圏からのバスツアー、飲食店での焼きそばの食べ歩き、地域内外で販売される関連商品やお土産などが含まれます。このような経済効果を生むためには、「ただの焼きそば」ではなく「富士宮やきそば」という、他の焼きそばとは明らかに違う（経営的な用語でいえば「差別化」された）やきそば（＝観光資源）を作らなくてはいけません。そのために「富士宮やきそば」には、かなり明確に約束事が決められています。それが「『富士宮やきそば』の特徴12箇条」です。ここでは特に大事な、4つを挙げて説明しましょう。

まず第1に「市内にある4つの製麺業者の富士宮やきそば蒸し麺を使用している」こと。この蒸し麺は独特な食感があり、他の焼きそばの麺とは明らかに異なります（4つの製麺業者の1つ、マルモ食品工業の創業者である望月晟敏が、戦後の食料難の時代にビーフンを再現しようと試みた過程で生まれたとされています）。またこれにより、「富士宮やきそば」を売ると、地域の製麺業者が潤うことを意味しています。第2に「炒めるための油としては、ラードを用いる」こと。そして、第3に具として「やきそばに加えるのが、ラードを絞った後の『肉かす』」であること。ラードとは、豚の脂身のことです。豚の脂身を絞るとラードが出来ますが、あとに肉かすが残るので、それを使って具にします。これは、つまりB級グルメであることで、大衆性が高く、材料が安いということです。また、味の面でも差別化が図れます。最後に「ふりかけるのは、イワシの『削り粉』」です。富士宮市は海からも近いので、イワシの「削り粉」で風味を付けます。これらは、このために作ったというのではなく、この地域で食べられている焼きそばが、もともとこのような独特の焼きそばだったのです。言うならば、「富士宮『の』焼きそば」です。

しかし現在、「富士宮やきそば」は「富士宮『の』焼きそば」ではなく、「富士宮やきそば」です。「富士宮の焼きそば」を「富士宮やきそば」にすることが、「地域の焼きそば」を「地域の観光資源」、そして「地域ブランド」にする第一歩なのです。

1990年代後半、富士宮市の青年会議所がまちおこしの題材として、富士宮市の焼きそばの消費量が日本一であることに注目しました。先ほども指摘しましたが、同じ食べ物をたくさん食べるということは、そこに競争が起こっています。そして、その競争の中で美味しさは磨かれます。まずは、2000年に「富士宮やきそば学会」という団体を設立しました。これは市民のボランティアの任意団体で、「お金儲けをしよう」ということではなく、「地域を元気にしよう」、「まちおこしをしよう」という団体です。ですから、焼きそばの業者がやっているのではなく、一般市民の人たちが集まって活動を開始したわけです。

(3)「知恵」と「熱意」で無料の広報活動

ここからが、普通に考えるとふざけているように見えるところです。しかし、この活動の中核となる部分の1つです。まず、「やきそばG麺(ジーメン)」と称し、富士宮のやきそば店を食べ歩いて、情報を収集し「食べ歩きマップ」を作成しました。「ジーメン」といえば、アメリカ連邦捜査局(FBI)の捜査官の通称、日本では警察官ではない特別司法警察職員などをこう呼んでいます。70年代のテレビドラマ『Gメン'75』を思い出される方もいるでしょう。率直に言えば、いわゆるおやじギャグによるネーミングで、妙なグループを立ち上げて、勝手に富士宮での焼きそば調査を開始したわけです。また、2002年には、福岡県北九州市で小倉城築城400周年記念イベントとして当地「小倉発祥焼うどん」と「富士宮やきそば」のグルメ対決イベント「天下分け麺《てんかわめん》の戦い」を開催しました。続いて矢継ぎ早に、「横手やきそば暖簾会」と「上州太田焼そばのれん会」との共同イベント「三者麺談《さんしゃめんだん》」や、全国各地のご当地麺類を集めた「やぶさ麺《めん》まつり」というイベントを行いました。すべて（失礼ですが……）バカバカしいおやじギャグです。先に紹介した「B－1グランプリ」も自動車レース競技の「F－1」をまねた（あえて言えば「パクった」）ネーミングであることは明らかです。では、なぜこんなおやじギャグを連発したのでしょうか。

「やきそばG麺」、「天下分け麺の戦い」、「三者麺談」、「やぶさ麺まつり」。なぜこのようなネーミングを使っているかと言えば、「何なの、それ？」と思わせることで人々の気を引くことが出来るからです。これが、例えば、「焼きそば対決」であれば、内容がすぐに分かってしまい、より興味を引くことは出来ません。おやじギャグによるネーミングをただのギャグだけに終わらせるのではなく、実際のイベントとして実施することで話題性を創り出しました。この更なる狙いは、マスコミからの注目を引くことです。私は新聞を作ったことはありませんが、作っている人の大変さは、容易に想像することが出来ます。毎日、あれだけのページ数の情報を集めなくてはいけません。書くことがない日があるかもしれません。そういうときのために、新聞記者は「暇記事」というものを用意しており、それは面白い話題で、みんなが読んでくれそうなものを準備しているのです。おやじギャグイベントは、ここに入り込むことも狙っています。

新聞社、マスコミ、ニュースからすれば、話題・記事がない、ニュースが少ないときにそういった面白そうな話を書くことは、読者の気を引き、読んでもらうことが出来るので役に立ちます。富士宮やきそば側は、それを載せてもらうことが広告になるのです。ご存知かと思いますが、新聞に少し広告を載せるだけで数十万円の高額な広告料がかかります。しかし、広告費をかけずに、面白いことをやって記事にしてもらうことで、無料の広報を行っているのです。そこには、知恵と工夫があるのです。

（4）ご当地グルメの三種の神器

では、広報以外では具体的にどのような知恵や工夫があるのでしょうか。代表的なのが、「ご当地グルメの三種の神器」と呼ばれるものです。多くの成功事例では、この3つのものを作ることがパターンになっています。

まず1つ目が、「食べ歩きマップ」で、富士宮やきそばの場合、先に挙げた「やきそばG麺」による実食調査で作成されました。地域を訪れた観光客に、適切な情報を提供します。また現在では、インターネットを通しての情報源ともなっています。また、これらのマップを作ることが出来るということは、取扱店舗が集積していることも表しています。食べ歩きが出来るということは、たくさんのお店があり、あっちの店、こっちの店で食べ比べが出来るということです。

2つ目に、「のぼり旗」を作ることで、これは端的にはブランド化に貢献します。それぞれの店が、それぞれの食べ物を提供していては、食べ歩きの観光地たり得ません。ばらばらのものになってしまいます。それらの食べ物を1つのグループとしてまとめ、観光客に取扱店舗を知らせる役割があります。「富士宮やきそば」の場合であれば、取扱店舗の前に共通ののぼり旗を立て、「この店は、富士宮やきそばを出している店だ」ということを観光客が来てもすぐに分かるようにしています。これにより、ブランド化を進める足がかりとするのです。

最後は、「ゆるキャラ」や「ご当地ソング」とのコラボレーションです。例えば、そのご当地グルメのキャラクターや歌を作って広報活動を進め、ブランド化をさらに進展させることが目的です。「富士宮やきそば」では、富士宮市の公式キャラクター「さくやちゃん」、またご当地アイドルTEAM MⅡ（チームエムツー）のご当地ソング「みんなの富士宮やきそば」を通じての広報活動も行っています。

こう見てみると、観光資源を新しく創り出すというよりも、「発掘する」そして「磨き上げる」という表現の方が適切ではないでしょうか。B級ご当地グルメによる地域おこしは、今までは自分たち（だけ）で食べていたもの（「富士宮の焼きそば」）を、他地域の人に食べてもらう観光資源（「富士宮やきそば」）にしようという活動なのです。

4 「ボランティア」から「生業」に

この活動を見ると、少ない資金で活動が出来ていることが分かります。地域活性化のための取り組みに対して、自治体が補助金を付けるということはよく見られます。ただ、こういった活動の多くの問題点は、補助金が切れると活動が出来なくなるということです。例えば、市民団体を作って地域おこしを始めても、補助金を使ってやることだけを考えていると、補助金が切れると活動が出来なくなります。それでは長期的な地域活性化の活動は出来ません。そこにベンチャー的な考え方、すなわち「知恵」と「熱意」が非常に大事になってくるのです。

(1)「知恵」と「熱意」で資金の確保

先ほどから言っているように、ご当地グルメによる地域おこしには、建物や施設は要りませんが、一定の資金が必要となります。もちろん、補助金がもらえることは非常にありがたいことですが、いつまでも補助金だけでは続きません。そこで、使える資金が少なくても、「知恵」と「熱意」でそれを乗り切っていくことに、ベンチャー精神が垣間見られるのです。

「富士宮やきそば」の事例で言えば、まず「富士宮やきそば」を名付け、知名度を上げる様々な(おやじギャグ)イベントを開きました。「富士宮やきそば」の名前がマスコミに取り上げられれば、「富士宮」という地名を覚えてもらう効果があります。まさに「富士宮やきそば」は「富士宮」の地域ブランドとなったのです。

「地域ブランドの防衛と資金化」という点で、「富士宮やきそば学会」は「富士宮やきそば」を商標登録[3]しました。そして、関連商品を発売して、名前を使用する料金(パテント料)を取って、団体の活動資金にすることを考えつきました。具体的には、各コンビニエンス・ストアでの弁当化、東洋水産マルちゃんのカップ焼そば、おやつカンパニーからはやきそば味のベビースター、山崎製パンのランチパックなどです。実際には、大体売り上げの0・5%から1%がパテント料となるそうです。割合が低いと考えるかもしれませんが、コンビニエンス・ストアで商標を使用した公認商品の弁当が発売された場合、仮に400円で販売すれば、その1%がパテント料となり4円が支払われるわけです。たった4円ですが、大手コンビニエンス・ストアは全国で1万店舗以上の展開をしていますので、1店舗で数個、1週間程度のキャンペーン販売をしただけでも、これらを乗じた金額が入ってくるのです。計算してみてください、結構な金額です。それ以外にも、多数の商品に商標の使用を許可していますо地域おこしの市民団体の収入としては、かなりの資金が確保出来るのです。

(2) 商標を活用した地域おこしの事業モデル

商標を活用して活動資金を得る方法を実行するために考えられたのが、いわゆる「富士宮方式」と呼ばれる事業モデルです。事業モデルというと、まさにベンチャー的ですね。**図2**は、富士宮の事業モデルを図示したものです。まずは、任意団体・ボランティアの団体である「①富士宮やきそば学会」があります。「富士宮やきそば」による地域おこし活動は、「富士宮やきそば学会」を活動母体としています。ただし、任意団体である「富士宮やきそば学会」は商標を持つことが出来ませ

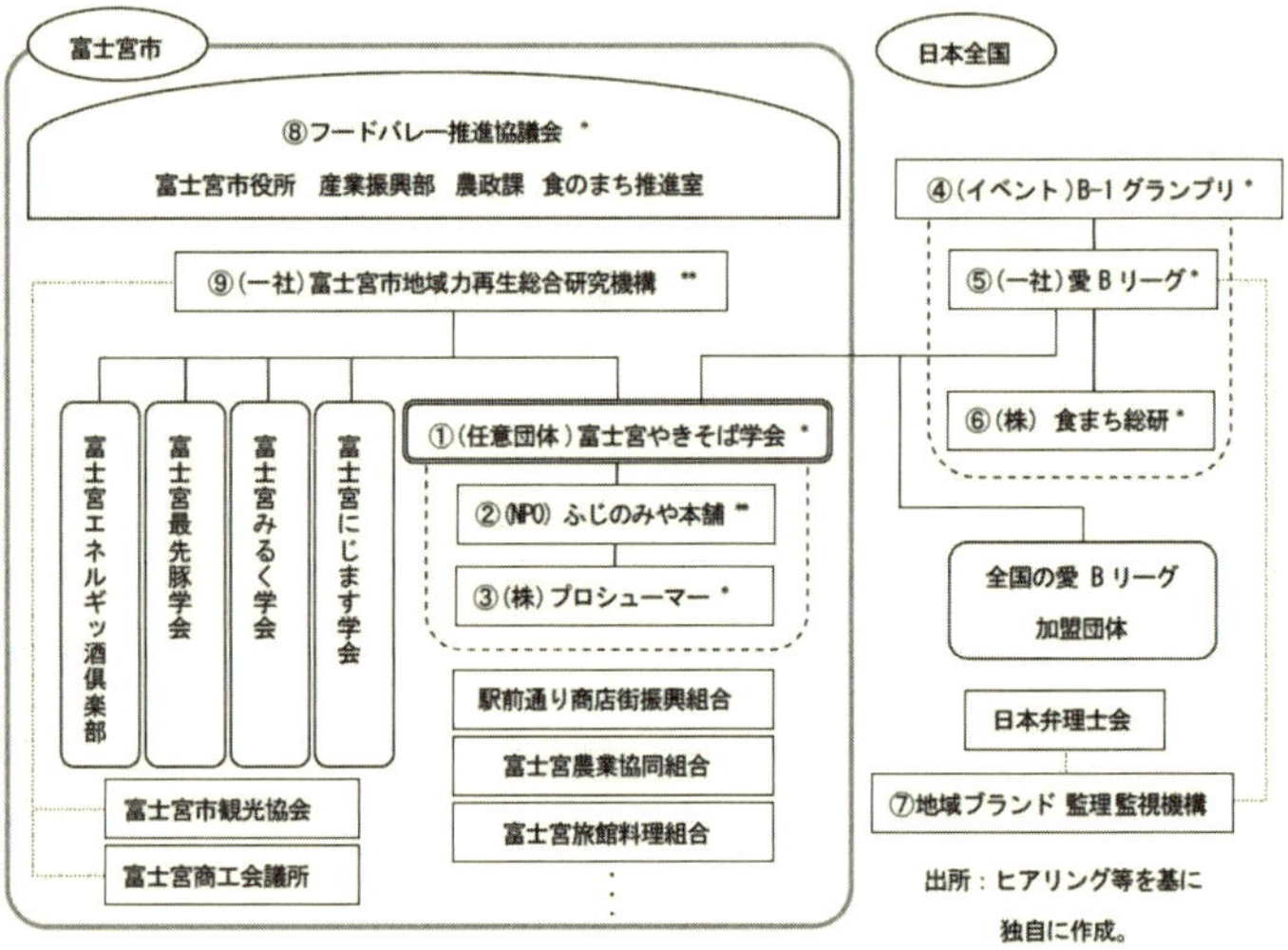

図2　富士宮方式の組織間ネットワーク

村上喜郁(2014)「ご当地グルメによる地域振興における組織間ネットワーク」『第29回 日本観光 研究学会 全国大会 学術論文集』
なお、*は渡邉英彦氏、**は渡辺孝秀氏がトップを務めている。

ん。そこで、「②NPO法人ふじのみや本舗」を設立し、そこに商標を持たせています。ただし、実際にそれを業務管理しているのは、その下で業務委託を受けている「③（株）プロシューマー」という株式会社です。まとめると、3つの団体を機能によって使い分けて、組織を作ることにより、「富士宮方式」と呼ばれる事業モデルをうまく回しているのです。

　実は、同じパターンのものを「B－1グランプリ」を運営する場合にも展開しています。まずはイベントとしての「④B－1グランプリ」、それを運営するための団体として「⑤（一社）愛Bリーグ」（「B－1

グランプリ」の商標を持つ）、そして、その下に商標管理と実務を行う「⑥（株）食まち総研」があります。こうすることにより、「Ｂ－１公認グッズ（商標使用商品）」の販売で得られる収入が、イベント実施のための原資になるのです。さらに、自分たちの商標を守るために日本弁理士会と協力し、「⑦地域ブランド監理監視機構」までも設立しています。

また、富士宮市には、そもそも「フードバレー構想」という政策があり、市が「⑧フードバレー推進協議会」を設置し、「食を使ったまちづくりをしよう」というコンセプトで、まちづくりがなされてきました。それに沿った形で、富士宮やきそばのモデルを、さらに地元に展開しようともしています。「富士宮やきそば学会」に蓄積されたノウハウは、「⑨（一社）富士宮市地域力再生総合研究機構」に蓄積され、地元の他の食による地域活性化に取り組む団体へと横展開されているのです。

ご当地グルメを活用した地域おこしでは、もちろんご当地グルメを直接販売して、利益を出すということは行っていません。これは事実で、間違いはありません。しかし、それよりも重要なことは、ご当地グルメを通じて地域をアピールすることにより、地域おこしが行われているということです。ご当地グルメにより「地域ブランド」を創り、活用し、守る。具体的には、商標を登録するということは、「地域ブランド」を創り出し、それを使って商品を作り、他の地域と差別化を図り、まねをされないように守ることです。そして、これらの活動が地域訪問のきっかけとなります。さらには、ボランティアの任意団体を母体にしながらも、別にＮＰＯと株式会社も設立し、地域に雇用をも創り出しているのです。ご当地グルメを活用した地域おこしは、「ボランティア」活動から始まり、「生業《なりわい》」も生み出しているのです。これはまさに、「ご当地グルメを活用した地域おこし」の実例と言えるでしょう。

5　まとめ

翻って、ベンチャーの視点から、もう一度「ベンチャービジネスと地域おこし」について見てみましょう。「地域おこし」が「ベンチャービジネス」から学べることは何か。まず「ないものねだり」をしないことです。ベンチャー企業をおこすときに、「人が足りない」、「品物、道具、機械、あるいは施設を持っていない」、「資金がない」、「ノウハウがない」、だから出来ないとなると、ベンチャーは出来ません。最初は何もないところから始めるから、ベンチャーなのです。

「ベンチャービジネス」でも「地域おこし」でも、「ないものねだり」ではなく「あるもの探し」をしなければなりません。例えば、「ユニークな経営資源」(「ユニーク」というのは「面白い」という意味ではなく、「独自性が高い」ということです)や「新しい商品・サービスのアイデア」を出すこと。足りない経営資源は、外部から調達することが出来ます。お金がなければ、ベンチャーキャピタルから借りたり、自治体などからの補助金を何とか獲得したりすることが出来ます。人が居なければ、外部から募集することが出来ます。このように、足りないものは、外部から調達する工夫をしなければいけません。

そして、今までなかった新しいつながり「新結合」を創り出すことにより、「イノベーション（革新）」を起こしていくのです。それが、本章で紹介した「ご当地グルメを活用した地域おこし」であり「ベンチャー的な手法を使った地域おこし」なのです。

謝辞　調査に際して、富士宮やきそば学会 渡邉英彦 会長、富士宮市 食のまち推進室 植松正和主任主査農事には、資料提供ならびに聞き取り等で大変お世話になりましたことをここに御礼いたします。

注

[1] 本稿は、追手門学院大学経営学部で２０１５年４月25日に実施した講義「経営学特殊講義２ベンチャー第３回 ベンチャービジネスと地域おこし」ならびに、２０１４年12月７日に大阪府立大学にて開催された第29回 日本観光研究学会 全国大会にて発表した「ご当地グルメによる地域振興における組織間ネットワーク―静岡県富士宮市の事例を中心にして―」を基にしています。

[2] ２０１３年度より、過度な「Ｂ級」という言葉への注目を避ける意味合いも含め、名称を「ご当地グルメでまちおこしの祭典！Ｂ－１グランプリ」とし、Ｂ－１グランプリの「Ｂ」を地域ＢＲＡＮＤの「Ｂ」と明確に再定義しています。本章において、特に注記等を付けていないＢ－１グランプリに関する記述は、Ｂ－１グランプリ ホームページ、http://b-1grandprix.com/、富士宮やきそば学会に関する記述は富士宮やきそば学会 http://www.umya-yakisoba.com/（２０１４年10月参照）の情報を基にしています。

[3] この商標登録は、地域団体商標制度（２００５年商標法一部改正）以前のもので、非常な手間と困難を伴ったことは有名な話です。

参考文献

「B－1グランプリ」ならびに、「富士宮やきそば」に関する内容は、渡邉英彦（2007）『ヤ・キ・ソ・バ・イ・ブ・ル』静岡新聞社、同上（2011）『B級ご当地グルメで500億円の町おこし』朝日新聞出版、俵慎一（2011）『B級ご当地グルメでまちおこし』学芸出版社、高橋政光（2013）『ビーワンダー！　B－1王者 富士宮やきそば物語』幻冬舎ルネッサンス、坂本光司・渡邉英彦（2013）『富士宮の元気中小企業』同友館、実践的指南書の類では、成研（2011）『地域食文化による中心市街地活性化事例集』経済産業省 中国経済産業局産業部流通・サービス産業課、電通（2012）『地域の食文化活用・創造活動を通じて地域力アップを目指すガイドライン』農林水産省を主な参考文献としました。

2章

ベンチャービジネスと資本政策

追手門学院大学経営学部准教授　宮宇地 俊岳

1 はじめに

本章では「ベンチャービジネスと資本政策」についてお話しします。ベンチャー企業が、新規のアイデア・技術の事業化を実現し、継続的に活動するためには、必要となる資金を適切なタイミングで調達することが必要になります。特に、ベンチャー企業には、株式公開という（公開前に比べると）巨額の資金を調達する局面があります。この株式公開での資金調達で失敗をすると、大変なことになりますので、最終的にはそのあたりの留意点についても説明をしていきたいと思います。本論に入るに先立って、次節では、いくつかの重要な概念について整理および説明を行いたいと思います。

2　概念の整理

（1）資本政策について

まず、「資本政策」という言葉について概念の整理をしようと思います。資本政策という言葉に対して人々が一般的に抱くイメージと、「ベンチャー企業の資本政策」という言葉に人々が抱くイメージとは異なっています。

まず、一般的な資本政策（「広義の資本政策」）とは、企業の資金調達にあたり、負債と資本のバランスを考慮しながら、いかに最適なコストで資金調達を行うかということに関する問題です。これは、企業を経営している限り、常に考えておかなければいけない問題です。企業が資金を調達する方法には、大きく「負債」と「資本」、そして「利益（過去に稼いだ利益の蓄積としての剰余金）」の3つがあります。これらのうち、企業外から資金を集めるという意味で、中心となる手段は「負債」と「資本」の2つになります。

「負債」による資金調達の方法の代表は借入金（いわゆる借金）です。銀行等から借金をすると、その借入金について利息を支払う必要性が出てきます。また、「資本」による資金調達の代表は株式の発行ですが、株式を発行すると、株式を購入してくれた株主（出資者）に対して、企業が稼いだ利益から配当金を分配しなければなりません。また、株主の期待に応えるために株価を上げる必要性に直面し、企業を（株主が期待する程度に）成長させていかねばなりません。このように、資金を調達すると、コスト（資本コストと言います）が生じることになります。ですから、調達する資金のうち、どれぐらいの資金を「負債」で集め、どれぐらいの資金を「資本」で集めるのかというバランスを考え、できるだけ安いコストのもとに、必要なお金を集めることを考えなければなりません。広義の資本政策とは、このような問題への対策を言います。

他方で、ベンチャー企業の資本政策（「狭義の資本政策」）とは、ベンチャー企業が株式上場を果たすというコンテキストにおいて、株式上場の前後の期間を通して、①事業拡大に必要な量の資金を調達し、②理想的な株主構成を実現し、③株式公開に伴って得られる株主利得を確保する、という3つの視点から、自社にとって最も望ましい資金調達の方法を考える問題のことを言います。特に、株式を公開すると新しい株主が増え、上場の前後では、株主の顔ぶれが大きく変わるので、「望ましい株主構成とは何か」について考えることは重要です。また、「株主利得」というのは、「創業者利得」のことを指します。ベンチャー企業では、企業を立ち上げた創業者が、最初は会社の株式の（ほぼ）１００％を持っていることが一般的です。株式上場を果たすということは、（上場後一定期間が経過した後に）創業者が保有する株式を他者に譲渡する取引も含まれますので、上場後に株価が上昇すれば、会社を立ち上げた人は儲けることができます。これらの①②③に関する問題への対策を考えることが、狭義の資本政策となります。

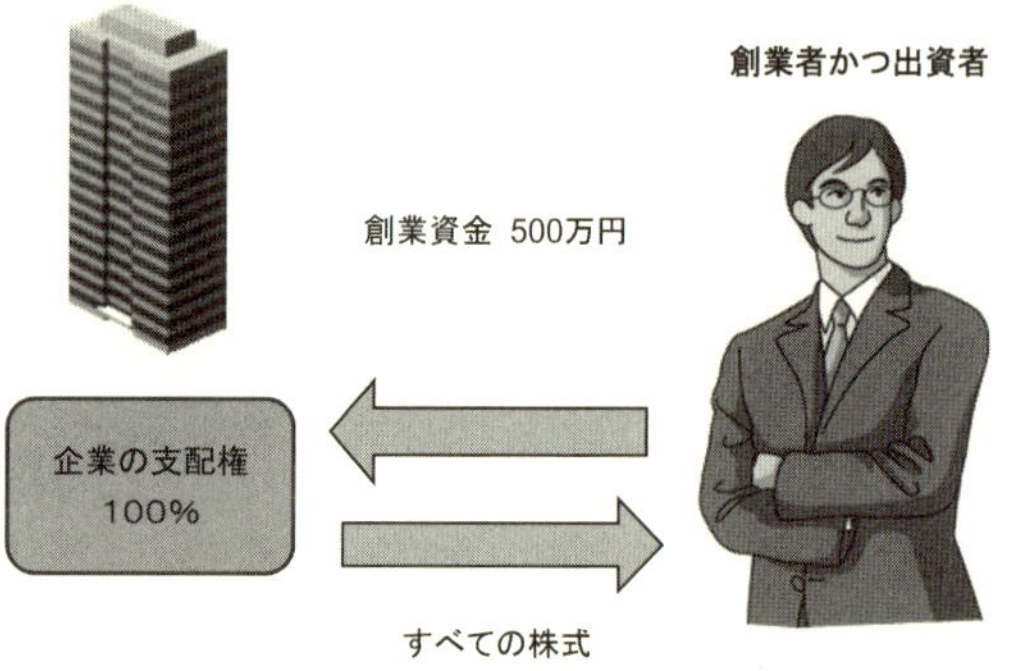

図1　株式会社の設立

(2) 株式公開について

次に、先ほどの資本政策の説明の中でも登場した「株式公開」について説明をしておきたいと思います。「株式公開」は「株式上場」とも言います。まず、株式公開をする前の段階として、会社を立ち上げたときの状況について**図1**を用いて説明します。

最初は「創業者自身が出資者である」という設定です。この創業者が、今まで誰も提供したことのない製品やサービスを思い付き、事業化をしようと考え、会社を作ることを考えたとします。会社を作るためには、お金が必要になります。ここでは、会社の形態の中でも圧倒的に多数を占める株式会社を前提に話を進めていきます。株式会社を設立するためには、かつては1,000万円の出資金が必要でしたが、現在では1円で会社を作ることができます[1]。しかし、1円で株式会社を作ったとしても、資金不足で会社は何も活動ができないので、とりあえず500万円ぐらいの創業資金を充当して、会社を立ち上げたとしましょう。

その際に、出資者がただ会社に資金を提供するだけということはありません。出資者は、出資の対価として会社の支配権を手にします（株式会社の場合は、株式が支配権に相当します）。ここでは、創業者が株式会社設立のための資金をすべて拠出しているため、創業者が会社の経営権のすべてを握る状況となります。ベンチャー企業と呼ばれる会社には、よく見られる最初の設立の形態です。ベンチャー企業が最初に株式会社を立ち上げたときは、この創業者が自分でお金を用意して立ち上げるか、親族や知人、友人からお金を出してもらうことが一般的です。この段階では株式は他者の売買に曝されておらず、「非公開」な状態で、言い方を変えると「未上場」ということになります。

時間が経過し、この株式会社のビジネスが順調に拡大していき、ある程度安定的な経営状態を手にして「今後も伸びる」という見通しがあるときに、一気に事業を拡大しようと考えたとします。たとえば、「お金を10億円ぐらい一気に集めて、東京以外にも、名古屋、大阪、福岡に、営業所を1つずつ開設しよう」といった拡大のイメージでしょうか。

その際に、お金を一気に集める手段として利用されるのが「株式公開」です。最初は、この株式会社の支配権の100％を創業者が握っていますが、株式公開をするということは、この会社の支配権を売りに出すことを意味します。もし、この会社の事業内容に関心を持ち、余裕資金を持っている人がいた場合、その人たち（投資家と言います）が、この会社に出資という形で資金を提供してくれることがあります。資金提供の見返りとして、投資家はこの会社の支配権である株式を新たに手にするという形になります。**図2**は、この説明内容を示したものです。**図2**中の四角形の大き

図2　株式公開による株主構成の変化

さは、支配権の大きさだと思って下さい。株式公開をするとなると、新たに会社の支配権の枠を用意して、その支配権たる株式を、広く世間の人々に販売することになります。それによって、会社は、支配権である株式の価格（株価）に見合った資金を手にすることができます。その代わり、創業者以外の人も会社の支配権を持つことになるので、この人たちが、会社の経営に口を出してくることになります。

これが株式公開のイメージですが、公開後の株式は証券取引所で売買されるため、証券取引所への上場を伴います。したがって、株式公開と株式上場は同義の言葉として一般的に使われています。また、初めての株式公開（新規株式公開）のことを、専門用語で「ＩＰＯ（Initial Public Offering）」と言います。このＩＰＯを行う最大の目的は、株式会社の支配権である株式を売ってお金を集めることですが、それ以外にも、会社の創業者は、自身がそれまでに保有してきた株式を売ってお金を儲けることができますし、証券取引所に上場すると、会社の知名度が上がり、会社としての信頼性も上がります。原材料の取引がスムーズにいったり、優秀な学生が会社の採用試験を受けに来てくれるなどの副次的効果も得られます。

(3) 中小企業とベンチャー企業の違いについて

最後に、「中小企業」と「ベンチャー企業」の違いについても整理しようと思います。中小企業もベンチャー企業も、一般的に「会社の規模が小さい」という共通点を持っています。これに対して、相違点は、ビジネスの新規性、成長への志向、安定性等にあると考えられます。

中小企業はビジネスの急成長を志向はしておらず、経営状況に大きな変化が起こる確率はそれほど大きくはありません。そのため、中小企業は安定した成長を実現します。さらに、すべての中小企業がそうであるとは限らないのですが、顧客取引先が近隣の会社であるなどして、地域密着型の経営を行う傾向があります。

他方で、ベンチャー企業には新規性があり、冒険心あふれた経営を行います。ベンチャー企業は、新規性あふれる技術・製品を開発した後に、「ビジネスとして成功する保障は現時点ではないけれども、チャレンジしてみよう」という姿勢を持ち、ある程度のリスクを取った経営を行います。そして、ゆっくりと経営していくわけではなく、急拡大を志向する傾向もあります。誰もやったことがないビジネスなので、ゆっくり展開していると、後から誰かに模倣されてしまいます。そのため、模倣される前に、自分たちが市場を切り開き、主導権を握って業界1位になるという目標のもと、成長の拡大を目指します。その意味で、先行すれば巨額の利益を得ることができますが、初めて事業化する領域での経営なので倒産する危険性もあり、中小企業に比べると不安定な傾向があります。

このように、中小企業とベンチャー企業との相違の1つは、「今までにない製品を急いで提供していく」点にあるため、事業拡大のスピードに大きな違いが出てくると考えられます。ゆっくりとビジネスを展開していく経営であれば、会社が1年間で儲けた利益を使って、少しずつビジネスを拡大していけばよいのですが、5年ぐらいで5倍、10倍の会社にしようと思うと、どうしても、お金をどこかから集めてこなければならず、資金調達が重要になってきます。つまり、事業拡大のスピードの差から、ベンチャー企業にとって、資金調達が経営上の重要事項になると言えそうです。

どんなに優れたアイデアを持っていても、同時に資金をうまく集めることができなければ、成長することはできません。逆に、成長しようとして店舗を無理に拡大すると、資金が逼迫して、仕入れた材料の代金が払えなかったり、従業員の給料が払えなくなる事態に陥ります。売上高はどんどん伸びても、会社としては資金ショートを起こし、倒産してしまうという危険性が出てきます。そういう意味でも、うまくお金を集めてくる対策を考えなければなりません。ベンチャー企業にとって資金調達が重要な鍵となることを押さえておいて下さい。

3　企業の資本政策

（1）3つの資金調達源泉

本節では、一般的な企業を前提として、主要な資金の調達方法について概説をしていきたいと思います。企業が資金を得る源泉は、大きく3つに分けられます。すなわち、①「内部留保」、②「デット・ファイナンス」、③「エクイティ・ファイナンス」の3つです。

まず、①の「内部留保」ですが、これは、その企業が過去に稼ぎ社内に蓄えてきた利益のことです。内部留保は、貸借対照表の純資産の部の剰余金という項目で表示されます。学生の皆さんは、「お金が必要だな」と感じたら、いきなり「友達からお金を借りよう」とは思わずに、まずは「アルバイトをして自分で稼ごう」と思いますよね。それと同じです。企業も「ビジネスをして、利益を出そう」と思い、自分で稼いだ利益に裏付けられた資金を使って何かをやろうとします。ですから、第一に自分で稼いだ利益で、必要な資金を賄うことが必要です（厳密には、自分で稼いだ利益から株主への配当を差し引いた金額が留保されます）。

しかし、自分で稼いだ利益をベースに次のビジネスの拡大をしていくと、スピードが少し遅くなります。たとえば、新たなビジネスに10億円のお金が必要なときに、銀行が10億円を貸してくれれば、直ちに投資を行えます。しかし、この企業が毎年5，000万円ぐらいの利益を稼いでいるとすると、10億円の資金を準備するために（毎年稼げる利益に変化がなければ）約20年間もの時間がかかることになります。ビジネス拡大のチャンスが到来しても、20年間も待っていたら、そのチャンスを逃してしまうこともありえます。ですから、自分で稼いだ利益でビジネスを拡張するという方法は、安全ではあるのですが、必要なお金が揃うのに時間がかかってしまうという難点がありま す。

そこで、企業が外部から資金を集める方法として、②「デット・ファイナンス」と③「エクイティ・ファイナンス」の2つがあります。それぞれの詳細については、後述するとして、②の「デット・ファイナンス」は、企業外部の主体から借金をするということです。それゆえ、ゆくゆくは返さなければいけないお金です。また、借金もただではなく、企業の信用力に応じた利息を支払わなければなりません。③の「エクイティ・ファイナンス」は、前節の「ＩＰＯ」のところで触れましたが、会社の支配権である株式を譲渡し、売り払うというものです。これは、お金を出してくれた人が会社の所有者の1人となるので、会社からすると返す必要のないお金となります。そういう意味で、借入金返済の圧迫感はありませんが、株主に対して配当金を支払ったり、株価を上げて投資家を満足させなければいけないので、一見すると資金の調達コストがかからないような感覚になりますが、意外とコストが高くなります。①②③で考えると、②は他人に返す必要がある資金調達手段ですが、①と③は返す必要のない資金調達手段だということになります。

また、資本政策というぐらいですから、企業はビジネスの性質を考えて、バランスを取る必要があります。たとえば、最初に巨額な投資が必要なビジネスを始める場合には、そのビジネスが成功するか失敗するかがわからないので、失敗したときのことを考えて、できるだけ返済する必要のない資金調達方法である③を用いるのがよいと考えられます。逆に、失敗する可能性が低く、資金回収の見通しの高いビジネスを始める場合は、②の方法の方が、お金の調達コストを安く抑えることができます。そのあたりのバランスを考慮する必要があります。

(2) デット・ファイナンス

次に、デット・ファイナンスとエクイティ・ファイナンスのそれぞれについて、具体的な手法を見ていきます。②のデット・ファイナンスとして広く知られている方法が3つあります。1つ目が、「不動産担保融資」です。企業が銀行から融資を受ける際に、融資の条件として、企業が持っている土地や建物などの不動産に抵当権を設定することが求められます。不動産への抵当権設定を条件に、担保物件の金額に応じたお金を借りる方法を、「不動産担保融資」と言います。「抵当権」、「担保」とは、たとえば、ある会社が、銀行から5億円のお金を借りたとします。5億円のお金を借りる際に、この会社が持っている8億円相当の建物に抵当権を設定します。もし、この会社が借入金の返済に失敗した場合には、銀行は抵当権を付した建物を売ってお金に換え、融資した5億円の回収に充てます。このようなことができる権利のことを「抵当権」と言います。また、抵当権を設定された建物のことを「担保」と言います。抵当権以外にも、銀行等から融資を受ける場合には、「経営者個人保証」が付されるケースがあります。会社が銀行からお金を借りる際に、会社が持っている土地や建物を担保に入れますが、それに加えて、経営者の住宅等の個人財産を売却するなどして、経営者にも借金返済を求めるのが「個人保証」です（なお、この株式会社が株式公開を果たすと、「個人保証」という厳しい契約を外すことができます。「個人保証」を外さなければ上場することができないためです）。

デット・ファイナンスで資金調達する際の2つ目の方法は、「プロジェクト・ファイナンス」です。これは、事業が獲得する将来の予想収益を基礎に、担保を取らずに融資を受ける方法です。この方法では、不動産を担保に入れるのではなく、そのビジネスから得られると予想されるキャッシュ・フローを返済に充てる形で、あがってくる現金収入を融資先に優先的に回すことを約束した上で、融資を受ける方法です。これは、大阪にあるＵＳＪの建設費を調達する際に用いられた手法としても知られています。複数の事業を行っている企業である場合、複数の事業からキャッシュ・フローを獲得しているため、融資先が想定しているビジネスからの現金収支の純粋な金額がわかりにくくなります。そのため、複数の事業を行っている企業の場合は、その企業とは独立の、当該プロジェクトを専門に行う企業を立ち上げて、その企業が融資を受けることになります。その代わりに、プロジェクトを行っている企業が上げた収益は、銀行等が優先的に回収するという条件で、融資する方法になります。余程自信のあるプロジェクトであれば、この融資の形態を取ってもいいと思います。

3つ目が「知的財産担保融資」で、これは1990年代前半頃から、日本で見られるようになった融資方法です。この方法は、企業が保有する技術や特許権等の法的権利に代表される知的財産が生み出す資金をベースに、知的財産の価値を評価した上で、これを担保にその額に見合った融資を行う方法になります。アイデアや技術力には確かなものがあるものの、現時点では土地や立派な建物を持っていないベンチャー企業が、融資を受ける際に活用される手法でもあります。知的財産担保融資の対象となるのは、著作権、工業所有権（特許権、意匠権、商標権）などです。意匠権は「デザイン権」のことです。たとえば、グッチのカバンの特徴的なデザインや、トヨタ社のプリウスのデザイン、アップル社のパソコンのデザインなどについて排他的利用を法的に保護した権利です。商標権は、トレードマークのことで、文字・記号（ロゴ）・図形などについて法的に保護した権利です。文字商標は、大河ドラマ「真田丸」といった番組名などが該当します。記号商標は、ナイキ社のブーメランのようなマークやスターバックス社のロゴマークが該当します。図形商標は、キティちゃんやマイメロディなどのキャラクターデザインが該当するでしょうか。そのような文字・記号・図形が資金を生むのであれば、それを担保にした融資を受けられるということです。

上記の3つの方法以外に、その他の方法として、「手形の割引」や「社債の発行」がありますが、ベンチャー企業の場合は、先述の3つの手法を中心に活用していると思います。不動産を保有している企業であれば「不動産担保融資」を、事業計画がしっかりしていて収支面においてかなり魅力的な事業を持つ企業であれば「プロジェクト・ファイナンス」を、傑出した技術力を持つ企業であれば「知的財産担保融資」を用いて、お金を集めることができます。

(3) エクイティ・ファイナンス

次に、③の「エクイティ・ファイナンス」の説明を行います。エクイティ・ファイナンスというのは、株式を発行してお金を集める方法です。これには、設立時に、創業者が自分の預金を使って、会社の株式を買う取引も含まれます。ベンチャービジネスは成否のリスクが大きいですから、ビジネスが成功すれば会社の経営権（株式）の価値が上がりますが、失敗するおそれも十分にあります。そのために、銀行は、顧客の預金を失うことは避けますから、ベンチャー企業への融資はなかなか行いません。いきおい、ベンチャー企業はエクイティ・ファイナンスに取り組む機会が多くなります。

エクイティ・ファイナンスは、株式を発行する際の引き受け先によって、3つの形態に分けられます。1つ目は「公募増資」と呼ばれる形態で、新しい株式を発行するにあたり、特定の誰かに売ると決めずに、不特定かつ多数の投資家に対して取得の申し込みの募集を行うものです。2つ目の、「株主割当増資」というのは、新しい株式を発行するにあたり、応募する権利を、既存の株主にその持ち株数に応じて付与する増資のことです。現在、株式を持ってくれている株主さんに、追加で株式を引き受けてもらうものです。たとえば、現時点で20%の株式を保有している株主に、「新しく発行する株の20%を買ってもらえませんか」という話を持っていきます。もちろん、株主は断ることができますが、最初に現時点で株主である人にその話を持っていくことが、「株主割当増資」です。この方法によった場合、既存の株主構成を変えない（変えにくい）という点に特徴があります。最後に、「第三者割当増資」とは、現時点で株主であるか否かを問わず、特定の第三者に対して、新株を引き受ける権利を与えて行う増資のことです。たとえば、「ソフトバンクさん、うちの会社の株式を引き受けてもらえませんか」というように、特定の個人・法人を名指しして、株式引き受けのお願いの話を持っていく方法です。

ここまでは、一般的な企業を含めたエクイティ・ファイナンスの方法に関する話をしてきましたが、ベンチャー企業の場合は、ベンチャービジネスの場でしか登場しないプレイヤーが存在します。それは、「ベンチャー・キャピタル」と呼ばれる投資機関です。ベンチャー・キャピタルとは、高い成長性を秘めているベンチャー企業に対して、株式を購入するという形態で投資を行い、当該企業が株式公開を行ったのちに、公開前から保有していた株式を売却することで、ハイリターンを狙う投資事業者のことです。

ベンチャー・キャピタルは、ベンチャー企業に資金を提供するだけでなく、経営ノウハウや人材を提供する支援を行うことがあります。資金のみを提供する投資形態は「ハンズ・オフ型」と呼ばれ、ベンチャー・キャピタルは、ベンチャー企業の経営内容には関与せず、お金を出して、当該企業の経営・株式公開が上手くいけば株式を売ってお金を回収します。日本は、こちらのタイプの投資を行うベンチャー・キャピタルが多いです。他方で、資金を提供するだけでなく、ベンチャー企業の経営に助言等で関与し、ベンチャー・キャピタル自身がベンチャー企業の企業価値の向上に積極的に関わっていく投資形態も存在し、その方法は「ハンズ・オン型」と呼ばれます。アメリカで

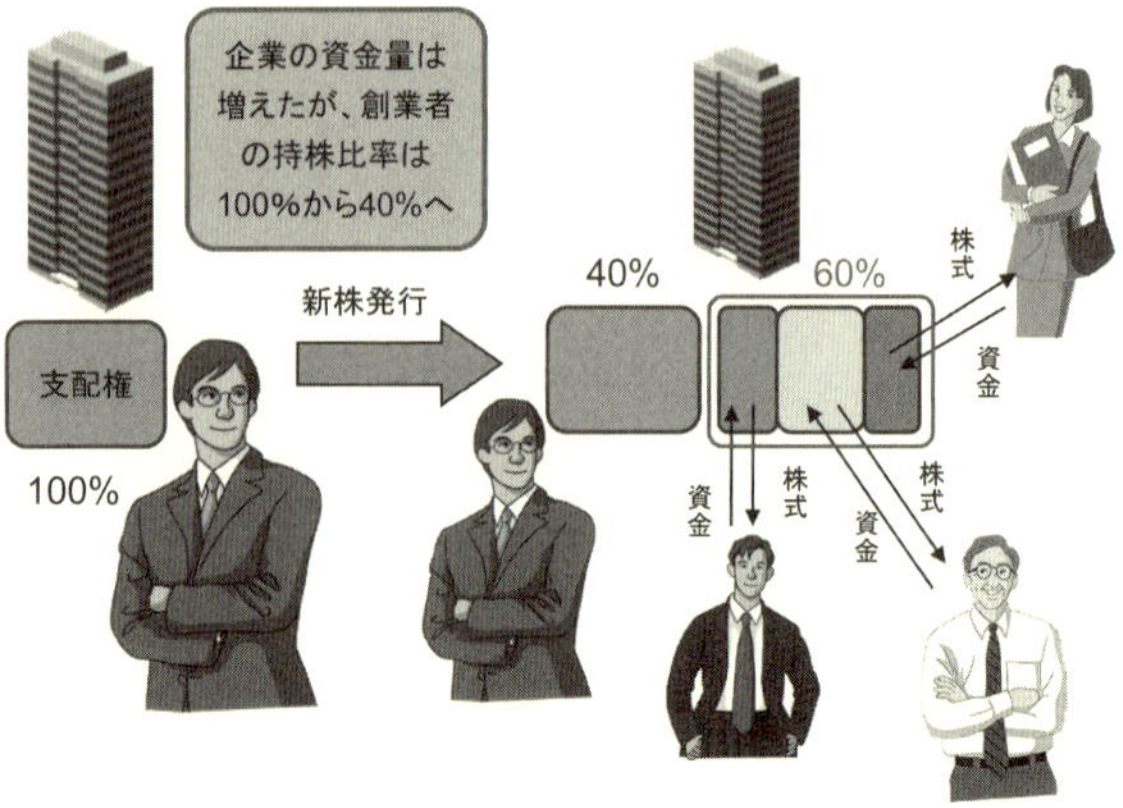

図3　ダイリューション（希薄化）

は、「ハンズ・オン型」のベンチャー・キャピタルが多く存在します。

ベンチャー企業のエクイティ・ファイナンスを考える上で、重要な事項として、「ダイリューション（希薄化）」という問題があります。**図2**において、株式公開をするとどうなるかについて確認を行いました。会社の設立当初は、会社の創業者が創業資金を拠出し、自身が保有する会社として経営を行っていきます。やがて経営が軌道に乗り、より多くの資金を必要とするようになると、新たに株式を発行して、余裕資金を持つ投資家から資金提供を受ける代わりに、会社の経営権である株式を出資者に譲渡するという形で、資金を集めていきます。新株を発行すると資金調達ができる反面、経営権を譲渡していくことになるので、株主構成が変化していき、特に、既存株主の持株比率が減少し、創業者の企業支配力の低下をもたらします。

図3は**図2**に、議決権の保有比率を加えたものです。

当初の状況では、創業者はこの会社の支配権の100%を握っており、会社を自分の意のままに操ることができます。しかし、株式公開をして株式を譲っていくと、創業者はこの会社の支配権の40%相当を保有し、新しく出資してくれた投資家が60%相当の支配権を保有することになります。**図3**の状況下では、創業者が一番大きな支配権のブロックを持っていますが、仮に、創業者以外の3名の出資者に結託された場合、新株主の集団の方が支配権ブロックとしては大きくなります。創業者は、以前ほどこの会社の経営を意のままには操ることはできなくなります。このように、株式を発行すると、もともと支配権を持っていた人の支配率が落ちる現象が起き、これを「ダイリューション」と言います。つまり、株式公開によって、増資に成功し、資金が2倍、3倍に増える一方で、創業者が筆頭株主から転落する事態も起こりえますし、場合によっては経営者の解任がなされる場合もあります。

株式は会社の支配権を表しています。それゆえに、株主は、経営にあたる取締役の選任・解任権を持ちます。会社法では、取締役の選任・解任は、株主総会の普通決議（議決権の過半数を持つ株主が出席し、出席した株主の議決権の過半数の賛成を必要とする決議）によって行えると定めています（会社法第329条第1項、第341条）。また、株主は、会社の合併や会社の解散を決めることもできます。会社の存続に関わるような事項は、株主総会の特別決議（議決権の過半数を持つ株主が出席し、出席した株主の議決権の3分の2以上の賛成を必要とする決議（会社法第309条第2項））、または特殊決議（定足数に制限はなく、議決権を行使可能な株主の半数以上と、議決権を行使可能な株主の議決権の3分の2以上の賛成を必要とする決議（会社法第309条第3項）によって行えます。ですから、「お金が必要だ」ということで株式を発行し過ぎてしまうと、創業者の知らない間に、経営上の重要事項を他の株主が決定できる事態を招きかねないため、注意が必要です。事業拡大のための資金は必要ですが、経営権を渡し過ぎてはいけません。普通決議、特別決議等で登場する「過半数」、「3分の2」といった要件は重要な数字ですので、皆さん知っておいてください。

4　ベンチャー企業の資本政策

最後に「狭義の資本政策」について説明したいと思います。ベンチャー企業がIPOを狙い・果たす段階になると、企業の成長速度が上昇すると同時に、（エクイティ・ファイナンスによる）資金調達の必要性も高まってきます。ベンチャー企業が展開する店舗が多くなり、雇う従業員も多くなり、取扱い品種も増えていくため、創業期に比べると必要となる資金量も大きくなります。株式公開を果たすと、新規に株式を発行することができます。たとえば、株式公開をして1年目で新株を発行し、さらに2年が経った頃に追加でさらに新株を発行するというようなことが行われていきますが、新規株式発行を繰り返していくと、株主の顔ぶれがどんどん変わっていきます。先ほどダイリューションの項目で述べたように、株式を発行すると資金は調達できますが、（創業者が持つ）

経営権は相対的に失われていくので、このバランスの両立が非常に大切になります。つまり、企業が長期的・安定的に成長していくためには、必要な資本規模、株主構成などを検討し、時間の経過に応じて事業計画と事業の進捗状況などを鑑みながら、調整していくことが必要になります。

したがって、ＩＰＯを行う際に、資本政策として検討すべき事項は大きく３つあります。１つ目は、「資金調達」で、必要なときに、必要な額のお金がある状態にしなければなりません。裏を返すと、必要もないのに巨額のお金があっても困るのです。株式の発行によって、沢山のお金を集めても、会社の経営権を５割、６割失う羽目になると、失った経営権を取り戻すことはなかなか困難になります。ですから、事業計画と相談しながら、資金調達の準備を進める必要があります。その意味で、事業計画と必要資金量との整合性は重要です。

２つ目は「株主構成」です。これは、創業者が経営権を失い過ぎないことと同時に、会社の株式をずっと保有し続けてくれる上に、会社の経営に協力的な株主（いわゆる、安定株主）を確保することが重要になってきます。ＩＰＯ以前は、創業者自身、あるいはその親・兄弟・友人など、わりと創業者に近い同族者たちが株主だという状態なのですが、ＩＰＯ以後は、知らない人が株主に入ってきます。

３つ目は、株式の公開で、創業者がどれだけの創業者利得を得るのかということです。これら３つぐらいを、考えておく必要があります。この３つの検討事項を念頭においたときに、バランスよく資金を集め、かつ、経営権を守るために活用できる方策を紹介したいと思います。

まず、１つ目の方策は「増資」です。株式を新たに発行する際に、株価を少しずつでも上げていくことが重要になります。では、株価はどうやって決まるのでしょうか。ベンチャー企業の株式が、初めて証券市場に売りに出されるときは、野村証券や大和証券などの主幹事証券会社が参考価格を提示し、その価格をもとに機関投資家にプレヒアリングを行い、そこでの意見をフィードバックさせて、需要を積み上げる形で決定をしていきます（「ブックビルディング方式」と言います）。その際に設定される公開価格は、少なくとも、経営者が創業時に、元入れした金額よりは、高い価格で株式を売り出すことになります。新しい株式を、仮に安い価格で販売すると、少ないお金で株式が買えてしまうため、創業者にとって知らない株主が増えていくことになりますが、高い価格で販売することができれば、ダイリューションは起こりにくいのです。

つまり、株主構成に大きな変化を起こさせないということと、会社を設立して苦労をしてきた創業者が手にした会社の支配権と、後からお金だけで参入してくる株主が手にする支配権が、同じ価値でいいのかという問題を考慮して、新規株式発行で増資を行う際には、株価を高めていくように価格設定をする必要がありそうです。やはり、創業者は創業の苦労をしている分、最初に安く株式を買うことができましたが、後から株主になる出資者には、それよりも高い価格をこの会社の株式に付け、その金額を払って株主になって欲しいという思いもあろうかと思います。また、高い株価を設定すれば、後に、創業者が自身が保有する株式を売却することで、創業者利得を得る際にも有利です。ただし、株価が高すぎると、応募者が少なくなり資金が集まらない危険性もあることは認識しておく必要性があります。

さらに、増資のタイミングを何度かに分けることで、新株を発行する都度に、株価を上げていくとよいでしょう。事業計画と相談しながら、「今回はこれぐらいのお金を新株発行で集める」、また何年かたてば「次は、少し株価を上げて、これだけの金額を新株発行で集める」という形でやっていく方がいいでしょう。

2つ目の方策は、「従業員持株会」を活用するというものです。従業員持株会は、会社の従業員から形成される組合組織で、従業員の視点で見ると、会社から貰った給料の一部を、この会社の株式の取得に充てることを行います。実際には、従業員が個人で自社の株式を購入するのではなく、「従業員持株会」という組織を通じて購入します。そうすると、企業にとっては、従業員は企業の内部者なので、企業の外部の人よりは企業に賛成的・協力的な株主になり、また、安易に株式を他者に譲渡することもないため、安定株主を作ることに成功します。他方で、従業員からしても、この会社で頑張って働いて、企業の価値が上がって株価が上がると、思わぬボーナスが出て、財産を形成する上でもいいので、従業員持株会を作ることが有効な手段となります。もちろん、株価の上昇は創業者の創業者利得ももたらします。

それら以外にも、この従業員持株会のメリットとして、たとえば、会社で働いている従業員が退職するときに、従業員が直接株式を保有していると譲渡手続きや税金の問題が生じて手間がかかるのですが、従業員持株会が株式を保有する形式であれば、従業員持株会から、退職する従業員の持分に相当する金額をその従業員に渡せば済むので、株式の移転等を伴わずにスムーズに処理することができます。

3つ目の方策は、「種類株式」という特殊な株式を活用するものです。会社は、「わが社は、これこれのビジネスをやるために存在する」という決めごとを記した「定款」を作成し登記しています。その定款に、「こういうタイプの種類株式を発行する」と定めておけば、普通の株式とは異なる株式を発行することが可能となります。たとえば、会社の支配権を伴わない株式や、逆に一株に複数の支配権を伴う株式[2]などが発行可能となります。

株式公開後のベンチャー企業では、種類株式のうち、「優先株」を利用するのが有効です。この優先株には、会社の支配権は付いていません。会社の経営に口出しはできませんが、その分、会社が儲けた利益を他の株主よりも優先的に、より多く回してもらうことができる株式です。会社から、より多くの配当をもらいたい人は、この株式を買うことになります。逆に、「会社の経営に口を出したい」という人は、普通株式を買うことになりますが、どちらの株式を発行するかは、ベンチャー企業側で決定できます。もし、「お金を集めたいけれど、会社の経営権を手放したくない」と創業者が考えるならば、「優先株」を発行することで、お金だけを集めて、経営権を失うことを避けることができます。上記3つの方策は、ダイリューションを防ぎつつ、必要な資金を調達する上で有効な手法だと考えられます。

株式公開を行うベンチャー企業の創業者は、複雑な状況下で、複雑な綱引きをしながら、舵取りを行わなければなりません。今日は、その複雑さの一端と、それに有効な手段を話しました。この資本政策というのは、(当たり前ですが) 1回実施してしまうと後戻りをすることができないものです。たとえば、株式を発行した後で、本当はそんなにお金は必要ではなく、経営権だけ失う事態になってしまうようなケースです。新たに加わった株主が「もう、この株式は要らない」と創業者に売ってくれるまで、こちらから株主をやめさせることはできません。ですから、創業者に対して「それは、おかしいのではないか」と口出しをする人物が株主になると、経営はやりにくくなるので、後々になって失敗であったと気づくこともあります。あとは、安い価格で株式を発行してしまい、資金が十分に集まらず、経営権を安売りしてしまったという事態も想定されます。そのような事態に陥らぬよう、資本政策は慎重に検討する必要があります。

注

[1] ただし、創業から5年間のうちに、株式会社の資本金を1,000万円まで充足する必要があります。これは、従前の会社法が最低資本規制として、株式会社設立時に充足すべきと規定していた資本金の水準に相当する額です。

[2] このような種類株式を多数議決権付株式と言います。日本では、非公開企業には導入が認められていますが、公開企業での使用は認められていません。したがって、株式公開を狙うベンチャー企業の資本政策としては利用できないと考えられます。

参考文献

監査法人トーマツ・日本政策投資銀行 企業創出・再生研究グループ『ベンチャービジネスのための資金調達実務ガイドブック』中央経済社、2004年。
坂本恒夫・鳥邊晋司『スモールビジネスの財務』中央経済社、2009年。

濱田康行・澤邉紀生・桐畑哲也・片川真実・宮宇地俊岳「機関投資家のプライベート・エクイティ投資―日本の実態と国際比較―」京都大学 Working Paper シリーズＪ－58、２００７年。

水永政志『現役経営者が教える ベンチャーファイナンス実践講義』ダイヤモンド社、２０１３年。

宮宇地俊岳「ＩＰＯにおける初値乖離の現状と要因」、『追手門学院大学ベンチャービジネス・レビュー』第４巻、55－65頁、２０１２年。

3章 ベンチャービジネスとＩＴ技術

追手門学院大学経営学部准教授、博士（工学） 中野 統英

1 はじめに

今回は「ベンチャービジネスとＩＴ技術」というテーマで講義を依頼されましたが、具体的な内容はすんなりと決まりました[1]。ベンチャービジネスがテーマなので、ここではメーカーの新規事業への参入およびそのときの特許への対応という2点を説明すべく本章を進めることとしました。具体的には、１９７０年前後に起こった普通紙複写機（Plain Paper Copier, 以下「ＰＰＣ」と略す）事業への新規参入を3社のケーススタディという形で説明します。そして特許については、キヤノンがＰＰＣ事業参入時に米国のゼロックス社（以下「米ゼロックス社」と略す）の特許を回避するために開発した特許技術について概説します。複写機業界は業界が立ち上がった当初より、研究・

開発をはじめとして特許が他の業界に比べて大変大きな影響を与えていると思われるので、その辺りの事情を含めた話をまとめることにします。

初めに技術的な話をするために、コピー機の仕組みの話をし、そしてコピー機の歴史について概説します。次に業界の利益構造およびコピー機作成に必要な要素技術について記します。後半はケーススタディとして、国内でシェアの上位を占める3社（富士ゼロックス、リコーおよびキヤノン）について、どのようにこの業界に参入したかを説明します。最後に、米ゼロックス社の基本特許に真っ向から立ち向かい、見事特許回避をして製品を作成・販売したキヤノンの話をします。最後に結言を示して本章を締めくくります。

2　コピー機の仕組みについて

（1）コピー機の基本構造およびスキャナについて

現在、コンビニエンスストアやオフィスなどに置かれているコピー機のほとんどが、**図1**に示したような構造のデジタル式コピー機です。これは画像を読み込むためのスキャナと普通紙に印字するためのプリンタが一体になったものです。具体的には、オフィスなどにあるコピー機を思い浮かべるとわかると思いますが、下部がプリンタになっており、その上にスキャナが載っている構造です。デジタル式コピー機以外に、**図2**に示したような構造のアナログ式コピー機もありますが、そ

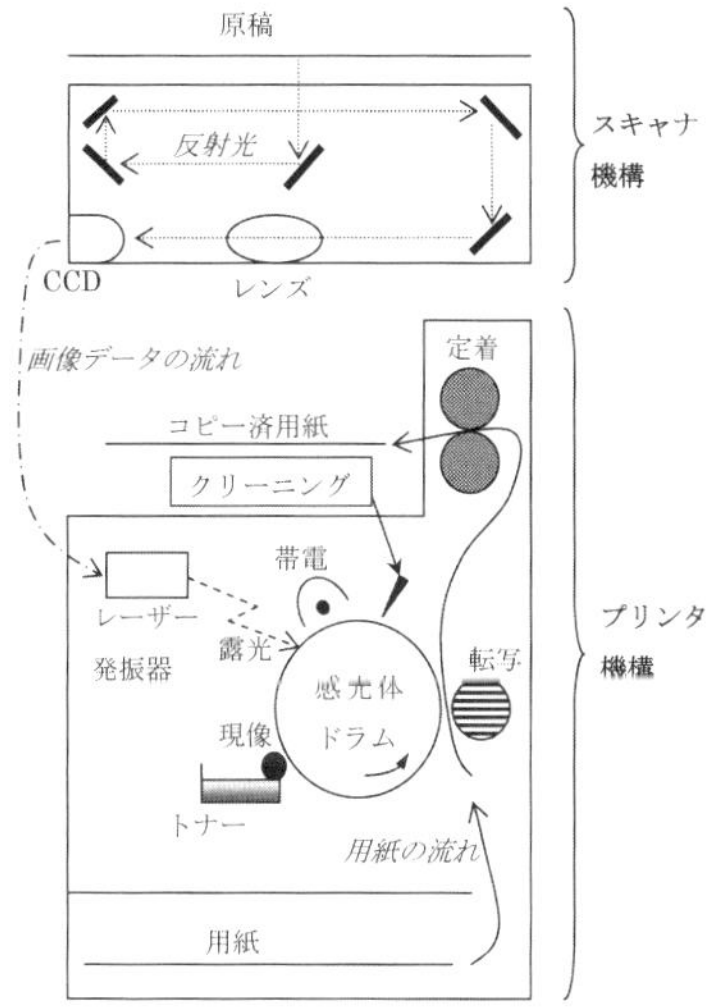

図1　デジタル式コピー機の内部構造

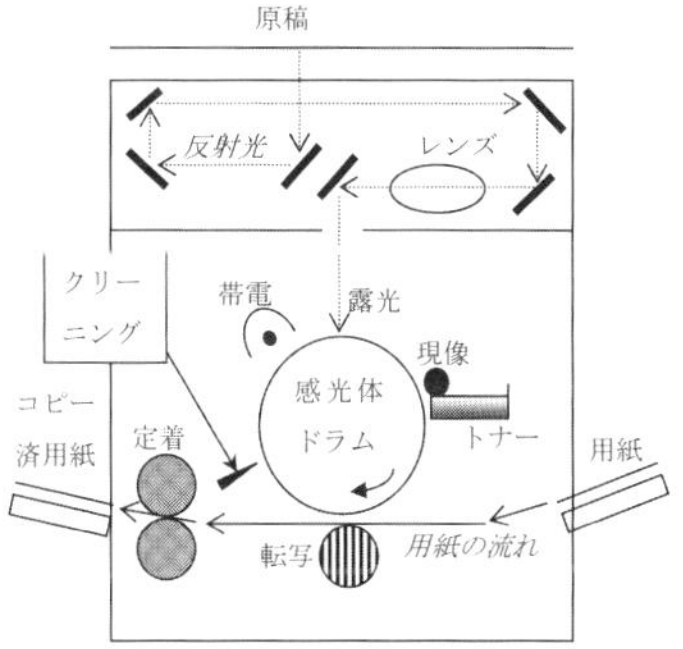

図2　アナログ式コピー機の内部構造

れについては後で説明します。

まずスキャナ機構ですが、ここではコピー機のほとんどで用いられているフラットベッドスキャナについて記します。このスキャナは、プリントや文献などの原稿をガラス版の上に載せ、下から光を当てて画像をCCD（Charge Coupled Devices, 電荷結合素子）を用いたCCDイメージセンサでデジタルデータに変換して記録する装置です。これらのデータは下部のプリンタ機構へ送られます。

(2) プリンタについて

プリンタは、もとはパソコンなどの処理結果や画像やデータを印刷する装置です。コピー機に組み込まれているプリンタには大きく分けてレーザープリンタとインクジェットプリンタがありますが、ここではビジネス用途で多く使われている前者について解説します。

その前にコピー機やプリンタのクラスや性能を表す指標であるppm（pages per minute）について記しておきます。一般にコピー機やプリンタの速度は1分間に印刷できるA4判原稿の枚数であるppmで表されます。ちなみにコンビニエンスストアに置いてあるコピー機は大体20ppm～40ppmであり、簡易印刷機として使われる大型のものは60ppm以上です。

ここからはレーザープリンタの動作原理について説明します。レーザープリンタの動作原理は少々複雑なので、箇条書きの形で説明します。具体的には左記の通りです[(1)～(5)]。

①帯電：感光体ドラムにマイナスの静電気を帯びさせます。
②露光：感光体ドラムにレーザー光で印刷したいパターンを照射します。するとその部分のみ静電気がなくなります。
③現像：トナーはマイナスに帯電され、感光体ドラム上の静電気が除かれた部分に付着します。
④転写：コピー用紙をトナーの付着した感光体ドラムに近づけ、用紙の裏から用紙をプラスの電気に帯電させると、マイナスのトナーはドラムから用紙に転写しトナーは静電気で用紙に付着します。
⑤定着：定着ローラで熱を加えつつ押しつけることでトナーを用紙に定着させます。
⑥クリーニング：感光体ドラム上のトナーは１００％転写されて紙に移るわけではないので、感光体ドラム上の残ったトナーを回収して次回の動作に備えます。

基本的な動作原理は昔のアナログ式コピー機も同様です。特徴としては印字の品質が高く、印字速度も速いことが挙げられ、主にオフィスなどで利用されています。一方、構造上コストが高くなりますが、最近は家庭用の安価なものも普及しています。

（3）電子写真とアナログ式コピー機

前述したレーザープリンタやデジタル式コピー機に用いられている複写技法は電子写真、またはゼログラフィと呼ばれます。これは１９３８年に米国の物理学者・発明家・弁理士だったチェスター・カールソンが発明した乾式複写技法のことであり、現在の複写機やプリンタのベースになった原理です[(1)〜(5)]。この原理で作成された複写機はＰＰＣと呼ばれます。特にカールソンが発明した機構はカールソン方式とも呼ばれます。

乾式複写技法については、ドイツのゲオルグ・クリストフ・リヒテンベルクが静電印刷の基本原理を１７７８年に発明しました。カールソンは静電印刷に写真を組み合わせて乾式複写技法を発展させ、電子写真技法を開発しました。カールソンが開発した電子写真は現在のデジタル式コピーではなくアナログ式コピーです。これまで説明してきたデジタル式コピーはＣＣＤイメージセンサで画像をデジタルデータとして読み込み、このデータをもとに発生させたレーザー光によって感光体ドラムに画像を書き込む方式です（図１参照）。一方のアナログ式コピーは原稿に当てた光の反射光をミラーに反射させながら感光体ドラムのある場所まで誘導し、この光を用いて直接感光体ドラムに画像を書き込む方式です（図２参照）。アナログ式コピー機の場合、現行の読取り部と電子写真の部分が一体になるので、機械全体のサイズが大きくなりやすいという欠点があります。現在のコピー機はほとんどが１９９０年代に開発されたデジタル式コピー機ですが、それ以前はアナログ式コピー機が用いられていました。

（４）コピー機の歴史

ここでコピー機の歴史を振り返ることにします[(1)〜(6)]。主なトピックは左記の通りです。

・1778年　ドイツのリヒテンベルクが乾式静電印刷法を発明
・1842年　英国のジョン・ハーシェルが青写真を発明
・1920年　ドイツでジアゾ式複写機が発明
・1927年　理化学研究所で紫紺色陽画感光紙が発明
・1938年　カールソンが電子写真を発明（第一の方式）
・1942年　カールソンが電子写真で米国特許を取得
・1951年　コピアが小型事務用湿式ジアゾ複写機を開発および発売
・1954年　米RCA社がエレクトロファックス方式（第二の方式）と呼ばれる複写法を開発
・1959年　米ゼロックス社が世界初の事務用PPCを開発
・1960年　米ゼロックス社が世界初の事務用PPCを発売
・1968年　キヤノンが独自の電子写真方式「キヤノンNPシステム」（第三の方式）を発表
・1970年　キヤノンが国産初のPPCを発売
　　　　　↓米ゼロックス社の特許を回避した初めてのPPC

1942年にカールソンが電子写真方式（カールソン方式）で米国特許であるUSPを取得していますが、当時この特許を使用してPPCを製造していたのは米ゼロックス社および関連会社のみでした。他のメーカーは当時第二の方式と呼ばれたエレクトロファックス方式で複写機を開発・生産しており、そこにはキヤノンやリコーも含まれていました。エレクトロファックス方式とは、カールソンが提唱した電子写真方式がベースになっているものの、感光体の代わりに直接感光紙に画像を作成する方式です。この第二の方式は当時米ゼロックス社が特許を独占していた電子写真方式を回避するために米RCA社が提唱した複写方式でした。この米ゼロックス社の特許が他社も使えるようになった1975年以降、キヤノンやリコーなど多くのメーカーがPPCに本格的に参入しました。なおキヤノンが開発した「第三の方式」については最後に述べることとします。

3　ジアゾ式複写技法と電子写真技法の違い

(1) ジアゾ式複写機について

ここでジアゾ式複写機について説明します。基本原理はドイツで開発されましたが実用化は日本で行われ、1951年にコピア（現キヤノンファインテック）が世界初の小型事務用ジアゾ式複写機を販売しました。ジアゾ式複写機は1980年代まではよく利用されていました。

ジアゾ式複写機の原理を、左記に示します[(5)、(6)]。

①感光：原稿とジアゾ化合物の入った感光紙である専用の複写紙を密着させ、複写機内を通過させながら紫外線を照射します。

②潜像形成：前記の感光過程で原稿の地肌部分に当たる複写紙上のジアゾ化合物を分解させることにより潜像を形成させます。すると「文字・線」が入らない背景部分に当たるジアゾ化合物

が分解されて無くなります。

③現像：ジアゾ化合物が残された「文字・線」部分で化学反応により色素が生じ、発色します。現像後の複写紙の発色には青色、黒色等がありますが、青色が主流だったためにコピーされた用紙は青焼と呼ばれました。

(2) ジアゾ式複写機のメリットとデメリット

ここでジアゾ式複写機のメリットおよびデメリットを述べます。[5, 6] まずメリットは

①PPCと異なり光学的プロセスを持たないため、原稿との相違（光学的な収差）が極めて少ない

②機械の構造的にも単純でありA0判やA1判といった大判の複写も容易である

③ランニングコストがPPCよりかなり低い

ことが挙げられます。対してデメリットは

①感光紙は、光線不透過の袋に入れて保管する必要がある

②現像後の複写紙も光線下では退色が激しいので、保管には注意を払わなければならない

③光透過性が低い本のような厚い原稿や、両面刷り原稿の複写はできない

④巻込みにより原稿を破損させる恐れがある

ことが挙げられます。

（3）電子写真による複写機（PPC）のメリットとデメリット

対してPPCのメリットとデメリットは左記の通りです[(5)]。まずメリットは

①薬品の塗っていない普通の紙が利用できる
②複写物を長期間保管しても劣化が少ない
③厚い物（葉書など）や両面刷り原稿の複写もできる
④複写時の拡大や縮小ができる
⑤デジタル式の場合、大量コピーの時間が短い

となります。逆にデメリットは

①端部のゆがみなどといった光学的な収差が出る場合がある
②A1判以上の大判用紙への複写が可能な機種は大型かつ高価（数百～数千万円）となり、一般には導入されていない

となります。

4　事務用コピー機業界の利益構造について

（1）一般の消費者向け製品の利益構造について

家電製品など一般消費者向け製品の多くが、販売したらそれっきりでユーザーとの縁が切れます。

つまり販売済み製品から利益を生み出すことができなくなります。こういった商品の場合、利益を上げ続けるためには、ひたすら売り続けなければいけない、言い換えれば買い替え需要を喚起し続けなければならないことになります。

家電製品を例に考えた場合、一旦家電製品が消費者にいきわたると壊れるまで買い替えてもらえない場合が多くなります。そこで製品を買い替えてもらおうとする場合、例えば高機能・多機能のものを発売して買い替え需要を喚起し続けることになります。例えばテレビの場合、

・白黒テレビ→カラーテレビ→リモコン付きテレビ→テレビデオ（ビデオデッキ付きテレビ）→液晶テレビ→（テレビ放送のデジタル化による）デジタルテレビ→大画面化・フルハイビジョンテレビ→4K・3Dテレビ→……

となっていきます。新しいものが出るたびに買い替えている方も多いと思われます。

（2）コピー機業界の利益構造

事務用コピー機の場合、会社等へ販売する場合もありますが、基本的にはレンタルやリースが多いです。またコピー機の特徴としては、サプライ用品と呼ばれる消耗品の需要が大きく、これらの販売による利益が大きいのが特徴となっています。

まずコピーを取る普通紙やトナーはコピー枚数が増えるほど多く必要となるので、これらの販売による利益を見込むことができます。特に事務用コピー機の場合は印刷枚数が多いので定期メンテ

ナンスを行うことになりますが、このとき感光体ドラムや定着器などといった内部部品の交換費用や機械内部のクリーニング等といった整備費用もかなりの金額になります。

つまり事務用コピー機の場合、コピーをたくさん取ってもらうほど消耗品やメンテナンス費用で利益を上げることができるのです。コピー機のサービスマンはコピーのメンテナンスを行って定期的に前述のサプライ用品を交換・補充することが仕事になっています。つまりコピー機業界の場合、新製品の販売やレンタル、リースだけではなく、メンテナンスやサプライ用品の販売によっても大きな利益を上げることができるのです。

5 コピー機を作成するために必要な要素技術について

（1）機械技術および電気・電子技術

コピー機作成においては、機械技術や電気・電子技術をはじめ、材料や化学など様々な技術および知識が必要になります。これらのすべてを理解しておかなければコピー機を作成することはできません。さらに踏み込んで説明すると、前述の様々な技術のすべてをうまく融合することができたときにのみ良い製品を作ることができます。まずは必要な機械技術および電気・電子技術について思いつくところを列記しますが、おそらくこれら以上の様々な分野の知識が必要になってくると思われます。

まずは機械関連から列挙します。ちなみに光学技術ですが、アナログ式コピー機では原稿の読み込みだけではなく拡大・縮小コピーの作成についてもこの技術が不可欠となります。

・機械加工および製品の組み立て
・内部機構：紙搬送系の駆動技術や、ドラム周りの設計など
・各種力学：熱、流体、材料、振動など
・生産技術：筐体のプラスチック加工や組み立てなど
・光学技術：スキャナ部分のレンズ・ミラー設計や（デジタル式コピー機の場合は）レーザー発振器など

次に電気・電子について述べます。

・振動対策：間違えるとコピー画像が乱れる
・電子回路設計：各種機構の制御など
・電源部分の設計：大きいものだと10アンペア以上
・各種内部配線の取り回し：間違えると電気ノイズおよび動作不良の原因になる
・トナーや感光体などの電荷・磁気制御：電子写真プロセスで一番難しい部分
・電気ノイズ対策：これをしないと動作不良が起こる

（2）化学技術

コピー機作成においては、後でも述べますが材料などの化学技術が大変重要となってきます。特にトナーや感光体ドラムにおいてはこの技術が一番大事になるといっても過言ではありません。

・トナー設計：カーボンやプラスチック、配合される電荷制御剤など
・感光体ドラムの設計：感光体材料の設計
・外装パネルや内部部品等のプラスチック材料
・コピー用紙の設計

（3）ソフトウェア技術

アナログ式コピーのときはモーター等といった電気・電子機器動作のためのプログラム作成や操作部等のユーザーインターフェースに関する部分でソフトウェア技術が必要とされましたが、デジタル式コピーになってからはデジタルデータで画像を扱うので、画像処理技術が不可欠となっています。

・各機構の制御用組み込みマイクロコンピュータのプログラム設計
・操作パネルをはじめとしたユーザーインターフェースの設計
・原稿の拡大・縮小をはじめとした画像処理技術：デジタル式コピー機では不可欠
・デジタル画像データ等の通信技術

6 コピー機事業に参入した企業について

ここからは実際にコピー機事業へ参入した日本企業のうち、近年の国内シェア上位3社である富士ゼロックス、リコーおよびキヤノンについて取り上げます。

(1) 富士ゼロックス

もとは富士写真フイルムと英国ランク・ゼロックス社(以下「英ゼロックス社」と略、当時ここがゼロックスの極東事業を担当)との合弁で設立された「富士ゼロックス株式会社」が複写機事業を行っています。[(7)〜(9)] 現在では富士フイルムホールディングスの傘下にある「富士フイルム株式会社」が富士写真フイルムの事業を継承しています。まずは富士ゼロックスの創成期を紐解きます。[(7)]

・1960年　英ゼロックス社との間での共同事業契約および技術援助契約を調印

・1962年　富士写真フイルムと英ゼロックス社との合弁により「富士ゼロックス(株)」創立

・1962年　業界初のPPCである富士ゼロックス914を国内販売開始

・1973年　初の自社開発PPCである富士ゼロックス2200を発売

次に、富士ゼロックスのもとになった富士写真フイルムの歴史を概観します。[(8)]

・1934年　大日本セルロイド(株)の写真フイルム部の事業一切を分離継承して富士写真フ

イルム（株）創立
↓写真フイルム、印画紙、乾板等写真感光材料の製造開始
・1944年　榎本光学精機製作所の事業を継承し、富士写真光機（株）が発足
↓光学ガラス、レンズ、光学機器への進出
・1946年　天然色写真（株）を設立
・1953年　富士天然色写真（株）に商号変更
・1965年（株）富士カラーサービスに商号変更
・1965年　富士天然色写真（株）の販売部門を分離しフジカラー販売（株）を設立

富士写真フイルム（合弁当時は富士天然色写真（株））ですが、1934年創立時は写真フィルム、印画紙、乾板等といった写真感光材料を扱っていました。1944年に榎本光学精機製作所の事業を継承して、光学ガラス、レンズや光学機器も扱うようになりました。1962年に富士ゼロックス（株）の設立で、米ゼロックス社の日本における電子写真式コピー機の販売・生産拠点となり、ゼロックス社の技術や特許も利用して開発・生産できるようになりました。

このように、富士ゼロックスについてはカメラ機およびフィルムといった画像関連技術をもともと有していました。そこに米ゼロックス社の技術および特許が使えたことによって、PPC業界に比較的容易に参入できたものと思われます。

（2）リコー

「株式会社リコー」の母体は、理化学研究所の感光紙部門が独立して発足した「理研感光紙株式会社」です。リコーの場合、前述のジアゾ式複写機でコピー機事業へ進出し、のちにＰＰＣ事業へ進出した経緯を持ちます。ここでリコーの創成期を紐解くことにします[10]。

・１９３６年　理研感光紙（株）が創業
　　↓理化学研究所から独立
・１９３７年　「旭光学工業」を子会社に設立
　　↓カメラ事業に進出
・１９５３年　カメラの製造を再開
・１９５５年　ジアゾ式複写機リコピー１０１を発売
　　↓コピー機事業へ進出
・１９６３年　社名を（株）リコーに変更
・１９６５年　電子リコピーＢＳ—１を発売
　　↓反射式光学系をもつジアゾ式複写機であり爆発的に売れた
・１９７２年　乾式ＰＰＣであるリコーＰＰＣ９００を発売
　　↓ＰＰＣ事業へ進出

リコーの有する技術ですが、１９３６年の創業時には感光紙を扱っており、これに関する技術を持っていました。１９３７年の旭光学工業設立時に光学系を含むカメラ技術を確立し、１９５５年にはジアゾ式複写機の技術を確立しました。１９６５年の電子リコピーＢＳ—１でアナログ式複写機に不可欠な光学技術を確立しました。１９７２年にＰＰＣを発売できたのは、これまでの技術の積み重ねが大きかったものと思われます。

リコーはもともと感光紙の技術を有しており、そこにカメラ機の技術およびジアゾ式複写機の技術が加わりました。これらの技術がベースにあったおかげでＰＰＣ事業に参入できたものと思われます。

(3) キヤノン

最後に「キヤノン株式会社」を取り上げます。キヤノンは小型高級カメラを扱っていた「精機光学研究所」が母体となっています。次にエレクトロファックス方式のコピー機を作成したのちに、独自のキヤノンＮＰシステムを開発し、米ゼロックス社の特許を回避したＰＰＣを発売しました。この話は後述することとし、まずはキヤノンの創成期を振り返ります。[11、12]

・１９３３年　精機光学研究所設立
　　　　　　↓小型高級カメラの研究
・１９３４年　国産初の35㎜カメラ「ＫＷＡＮＯＮ（カンノン）」を試作
・１９３５年　商標ＣＡＮＯＮを出願

・1936年　35㎜カメラ「ハンザキヤノン」発売
・1937年　精機光学工業（株）として創業
・1939年　レンズの自社生産に着手
・1947年　キヤノンカメラ（株）に社名変更
・1956年　キヤノン電子（当時の秩父精工舎）を関係会社に
　　　　　↓カメラのタイマー、露出計、磁気ヘッドなどの電子・磁気技術を獲得
・1964年　キヤノファックス1000発売
　　　　　↓エレクトロファックス方式
・1968年「キヤノンNPシステム」を発表
　　　　　↓米ゼロックス社の特許に抵触しない独自の電子写真方式
・1969年　キヤノン（株）に社名変更
・1970年　国産初のPPCであるNP−1100を発売

キヤノンの技術についてですが、1933年の精機光学研究所設立時には高級小型カメラを扱っていました。1956年のキヤノン電子設立で電子技術および磁気技術を得ることとなりました。そしてカメラ技術をもとに独自の電子写真方式「キヤノンNPシステム」を開発したことにより、米ゼロックス社の特許を回避しつつPPC事業へ参入することができました。

(4) 異業種への新規参入に当たって

ここでは1970年前後に起こったPPC事業への参入を3社のケーススタディという形で示すことができました。3社に共通していることは、PPC作成に必要な技術を参入前からかなり多く持ち合わせていたことです。まずこの3社はすべてカメラ(デジタルカメラではなくフィルムや乾板を使う銀塩写真方式)の技術を持ち合わせていたことです。このカメラ作成には画像を正確にとらえるレンズなどの光学系技術や画像をフィルムなどに正確に写し取る画像処理技術、フィルムを送る機構系技術などが必要であり、どれもPPC開発のために欠かせない技術であったと思われます。

また富士写真フイルムには写真フィルム、リコーには感光紙およびジアゾ式複写機、キヤノンにはカメラのタイマーや露出計、磁気ヘッドといった電子・磁気技術を有しており、各社がそれぞれに有している技術から研究・開発を進めていったことがうかがえるのは大変興味深いです。そして富士写真フイルムはPPC事業参入のためには特許の関係から技術を導入したほうが得策であると判断していち早く米ゼロックス社との提携を模索し、米ゼロックス社も富士写真フイルムの技術力を評価した上で、共同事業契約および技術援助契約を締結したことも興味深いです[9]。

7　キヤノンの特許について

（1）1960年代後半の複写機事情

1960年代後半、日本では感光紙を用いるジアゾ式複写機が一般的に用いられていました。当時PPCは第一の方式であるカールソン方式でしか実現できませんでした。この方式は600件におよぶ特許で押さえられていたので、米ゼロックス社の独占状態でした。第二の方式であるエレクトロファックス方式による複写機も同時期に販売されており、キヤノンも1964年にこの方式の複写機「キヤノファックス1000」を発売していました[12]。

（2）キヤノンNP方式への道

しかし第二のエレクトロファックス方式だと感光紙を用いることになってしまいます。感光紙は管理が大変であるばかりでなく、かさばって重くなります。書き込みなども自由にできず、さらに高コストで高速化も難しいという弱点を抱えることになるので、PPCを開発することは時代の流れでもありました。富士写真フイルムは前述のとおりいち早く米ゼロックス社と提携する道を選びましたが、キヤノンは米ゼロックス社の特許を自社の技術力で回避する道を選ぶこととなりました。

米ゼロックス社が提唱したカールソン方式では、感光体材料にセレン（Se）という物質を使用しており、ここを特許で押さえていました。またカールソン方式では2層構造の感光体を用いていました。

キヤノンは感光体材料として、硫化カドミウム（CdS）を感光体材料に利用して特許回避できるのではないかと考えました。なぜなら硫化カドミウムは当時カメラの露出計に用いられており、キヤノンの得意とする材料であったからです。研究の結果、硫化カドミウムによってカールソン方式の特許はクリアすることができましたが、低抵抗で静電像を保ちにくいという欠点が残りました。キヤノンはさらに研究を進め、最終的には米ゼロックス社の特許に抵触しない機能分離型の3層感光体を完成させ、第三の方式であるキヤノンNP方式を完成させることができました[12]。

１９７０年、ついに第三の方式を用いたPPCであるキヤノンNP―１１００を発売しました。これは最大B４判サイズまで印刷でき、10ｐｐｍの自動給紙方式コピー機でした。

他社の対応ですが、IBM社が１９７０年代にセレンと同様の働きをする有機光導電体を用いた感光体を開発しました。現在ではこの素材が感光体材料の主流になっています。

8　結言

モノづくりで起業するときには、何らかの技術をすでに有していることがもちろん必須です。ただ技術を持っていても、それらをどのように応用・活用して新たなモノを作っていくかが大変難しいのは論を待ちません。本章では技術者の視点から新製品の開発に際しての苦労する部分や特許など注意すべき事項を、日本企業の複写機業界参入を例にとり説明を行いました。

今回取り上げた企業を見てもわかるように、起業をする場合はもちろん、既存の会社で新たな事業を立ち上げる場合にも、まずは素晴らしい技術を持っていることが大事になります。しかし既存技術の生かし方のほうが大事であるように筆者は感じます。技術を発展させるだけではなく、場合によっては組み合わせたり、他社と手を組んで技術提携したりすることも必要になるのは本章ですでに述べた通りです。

最後にエジソンの名言で本章を締めくくりたいと思います。何事もあきらめずに正しい方法で頑張っていれば救われることがあると思います。

「天才とは、99%の努力と1%のひらめきで出来上がっている。」

参考文献および資料

(1) 追手門学院大学ベンチャービジネス研究所編 植藤正志他著『事業承継入門3　事業承継のためのマーケティングと経営管理』、追手門学院大学出版会、2015年、227～242頁。
(2) 日本画像学会編 平倉浩治・川本広行監修『電子写真―プロセスとシミュレーション』、東京電機大学出版会、2008年、7～10頁。
(3) ウィキペディアホームページ　日本語版『ゼログラフィ』、http://ja.wikipedia.org/wiki/%E3%82%BC%E3%83%AD%E3%82%B0%E3%83%A9%E3%83%95%E3%82%A3（最終アクセス2015年10月29日）
(4) 日本画像学会編『続　電子写真技術の基礎と応用』、コロナ社、1996年、1～29頁。
(5) ウィキペディアホームページ　日本語版『複写機』、http://ja.wikipedia.org/wiki/%E8%A4%87%E5%86%99%E6%A9%9F（最終アクセス2015年10月29日）
(6) ウィキペディアホームページ　日本語版『青焼』、https://ja.wikipedia.org/wiki/%E9%9D%92%E7%84%BC（最終アクセス

２０１５年10月29日）

(7) 富士ゼロックス株式会社ホームページ　沿革　商品・サービスの歩み、http://www.fujixerox.co.jp/company/profile/history/product.html（最終アクセス２０１５年10月29日）

(8) 富士フイルム株式会社ホームページ　沿革・歴史、http://www.fujifilm.co.jp/corporate/aboutus/history/index.html（最終アクセス２０１５年10月29日）

(9) 電子写真へのチャレンジ―富士ゼロックス社の設立とＥＰＭの完成、https://www.fujifilm.co.jp/history/dai3-19.html（最終アクセス２０１５年10月29日）

(10) 株式会社リコーホームページ　リコーの歩み、https://jp.ricoh.com/company/history/（最終アクセス２０１５年10月29日）

(11) キヤノン株式会社ホームページ　会社情報　キヤノンの歴史、http://web.canon.jp/corporate/history/（最終アクセス２０１５年10月29日）

(12) キヤノン通信　第12号　第3のトップランナー――５００万台を突破したキヤノンの複写機技術―、１９８９年 http://ito-no-kai.la.coocan.jp/300_index/315_canon-tsushin/012_ppc.html（最終アクセス２０１５年10月29日）

4章

ベンチャービジネスとファイナンス

追手門学院大学経営学部准教授　岡崎　利美

1　ベンチャービジネスにおける財務管理

(1) 財務管理とは

私たちは、一定の年齢に達すると、自分でお金を管理するようになります。最初はこども時代で、限られたおこづかいで何を買うかを自分で決めることから始まります。アルバイトや就職によってお金をかせぐようになると、管理する金額が大きくなり、将来の大きな出費に備えて貯蓄するようにもなります。自分のお金だけでなく、家庭のお金を管理することもあります。自分ひとりのときに比べるとお金の流れが複雑になるので、やりくりが難しくなります。

財務管理というのは、会社におけるお金の管理です。会社でも好き放題お金を使えるわけではありませんので、個人や家計と同じく、うまくやりくりする必要があります。一方、会社では、個人や家計に比べて頻繁にお金の受け取りや支払いが発生するので、お金の流れがはるかに複雑になり、「適当に」ではすぐに行き詰まります。ですからきっちりと「財務管理」することが必要になるのです。

会社のお金の管理が「適当に」ではうまくいかない理由が、もう1つあります。個人や家庭では、収入の範囲内に支出を抑えることが、お金の管理の基本です。財布の中身や預金残高を確認しながら使っていれば、あまり問題は生じません。

ところが会社では、収入を得るために、お金を使います。仕入れをしなければ、商品をつくることも、販売することもできません。もし手持ちの資金が30万円しかなくても、200万円の売上が見込まれるなら、会社は借金をしてでも200万円分の商品を仕入れます。30万円で買える分しか仕入れなければ、今回の売上を大きく減少させるだけでなく、顧客そのものを他の会社に奪われてしまうからです。

このように会社では、売上としてお金を受け取る前に、仕入れのための支払いが発生します。つまり支出が先です。また、将来の売上は予想ですから、期待したほど売れない危険性もあります。その場合にはどうするか、あらかじめ考えておかなければなりません。そのため会社のお金は「適当に」ではなく、「適切に」管理することが求められるのです。

（2）財務管理の目的

財務管理の目的は、2つあります。1つは支払能力の維持、もう1つは株主の富（もしくは企業価値）の最大化です。

支払能力の維持とは、支払日に支払額分のお金を用意し続けることです。例えば、10万円の支払日に、10万円の現金を用意することです。10万円分のモノをもっていてもお金の代わりに受け取ってもらえませんし、翌日に100万円あっても、その日の支払いはできません。

支払いに失敗すると、倒産の危機におちいります。これは会社が最も避けたい状況の1つでしょう。

それでは、会社はできるだけ多くの現金を保有することが望ましいのでしょうか。確かに、そうすれば支払能力は向上し、倒産の危機を回避できるのですが、お金は必要なモノの購入に使われて初めて、利益を生み出します。ですから必要額以上の現金を保有することは、利益を得る機会を失わせる行為といえます。支払能力を維持することは大事ですが、最大化する必要はありません。

一方、株主価値の最大化は、将来にわたり収益性を最大限に高めることによって実現します。これは財務管理の目的であると同時に、企業目的でもあります。つまり財務活動を通じて、企業目的の実現に貢献することになります。

2つの財務目的は相反するものではないので、同時に両方を達成することができます。財務管理は、「支払能力を維持したうえで、株主価値の最大化を目指して、会社のお金を管理すること」だといえます。

ベンチャービジネスでも財務管理の目的は同じで、支払能力を維持したうえで、株主価値の最大化を目指すことです。しかし両方とも達成することが難しいときには、どちらを優先すべきでしょうか。その場合は迷わず、支払能力の維持を優先させましょう。支払不能におちいり、会社が倒産してしまっては、将来はありません。

ベンチャービジネスの多くは、資金不足に悩まされます。大きな設備を必要とする事業であれば、資金不足はさらに深刻になります。ですからベンチャービジネスの財務管理の目的は、支払能力の維持だといってもよいかもしれません。株主価値や企業価値を最大化するためにも、まずは会社を成長途中で倒産させないことが大切です。

(3) 利益と現金(キャッシュ)の違い

「今期の利益は100万円」と聞くと、会社の金庫か銀行口座に100万円が入っているように思いませんか。残念ながら、「利益」の増加は、必ずしも「現金(キャッシュ)」の増加を意味しません。利益は100万円もあるのに、現金がないということがあります。

利益は、収益と費用との差額として計算されます。収益が1000万円、費用が900万円ならば、利益は1000万円-900万円=100万円になります。収益が10万円増えて1010万円になると、利益は10万円増加します。費用が10万円増えて910万円になると、利益は10万円減少します。

ところで、収益や費用は取引が発生した時点で計上されるので、お金を受け取ったり、支払ったりした時点と異なることがあります。例えば、5万円の買い物をしてクレジットカードで支払ったとき、5万円はその日の売上になりますが、店がクレジットカード会社からお金を受け取るのは数日後になります。

私たちが買い物をするときは現金で支払うことが多いのですが、企業間の取引では、単発の少額取引でなければ、後日、銀行振込するのが一般的です。例えば10万円の製品を取引先企業へ販売すると、その日に収益（売上）10万円が増加し、利益は10万円増加します。しかし現金が増加するのは、取引先が10万円を振り込んだ日になります。支払いの場合、例えば10万円の部品を仕入れた日に費用が10万円増加し、その分利益は減少しますが、銀行振込をする日まで、会社の現金は減りません。企業間取引が多ければ、利益の額と現金の増減額とは一致しないのがふつうといえるでしょう。

利益と現金の額が異なるもう1つの要因は、固定資産の減価償却です。固定資産を購入したとき、その時点で全額を費用として計上するのではなく、減価償却費として、複数年にわたり配分します。

100万円の機械を購入した例で考えましょう。その機械の耐用年数が5年で、定額法で償却すると、購入した年度から5年間、20万円ずつ減価償却費を計上します。つまり毎期の費用は20万円です。そのため、初年度は、支払いのために現金が100万円減少しているにもかかわらず、費用は20万円だけなので、この取引によって利益は20万円しか減少しません。一方、翌年度以降は、費用は20万円計上され、利益が20万円減少しますが、支払いは発生しないので、その分現金が多くなります。

もちろん、支払額100万円に対し、減価償却費は20万円×5＝100万円ですから、総額では現金と利益の減少額は一致しますが、単年度では食い違いが生じます。固定資産への投資額が大きい場合、利益と現金の増減額とのギャップは大きくなります。

2 ベンチャービジネスと資金調達

(1) 起業にはまとまったお金が必要

ベンチャービジネスに限ったことではありませんが、起業するには、まとまったお金が必要です。何もない状態から始めるので、必要なものを買いそろえなければなりません。会社設立のための諸費用、オフィスや店舗を借りるための敷金・礼金、設備や備品、機械の購入など、お金が飛ぶように出ていくといわれます。小さな備品や文具などは、1点1点は少額であっても、数が増えると結構な額となります。営業活動を始める前から、どんどんお金は減っていきます。

ようやく会社の体裁が整い、本格的に営業活動を始めても、売上がない時期や充分ではない時期が続きます。どれほど素晴らしい商品を扱っていたとしても、それを広く知られるまでには時間がかかるものです。その間にも給与や家賃、光熱費など経常的な支出が発生します。

そのうえ、新しい会社は、その会社の存在や取扱商品を潜在的な取引先や顧客に知ってもらうために、様々なマーケティング活動が必要になります。これまでにない新しいモノやサービスであれば、より多くの費用をかけなければならないでしょう。充分な売上がない期間は、会社は起業時に用意した資金を取り崩して、支払いを続けることになります。

さて、幸先よいスタートを切り、順調に成長していけば、次は事業を拡大するための投資が必要になります。売上増加を先取りしての投資となりますから、現在の売上規模に比べて大きな投資となることでしょう。

普通の会社でも起業したばかりのころは資金繰りが苦しいものですが、ベンチャービジネスの場合は、いっそう厳しくなると予想されます。なぜならベンチャービジネスは、急成長しなければならないからです。

(2) ベンチャービジネスと急成長

成功したベンチャービジネスの売上は、縦軸に売上高、横軸に時間をとると、S字型を描くといわれます。**図1**のとおり、会社の設立準備や商品開発をしている段階のため、売上のない「シード期」、お試しのように少しずつ売上が増える「スタートアップ期」を経て、「成長期」と呼ばれる時期に売上が急増するからです。

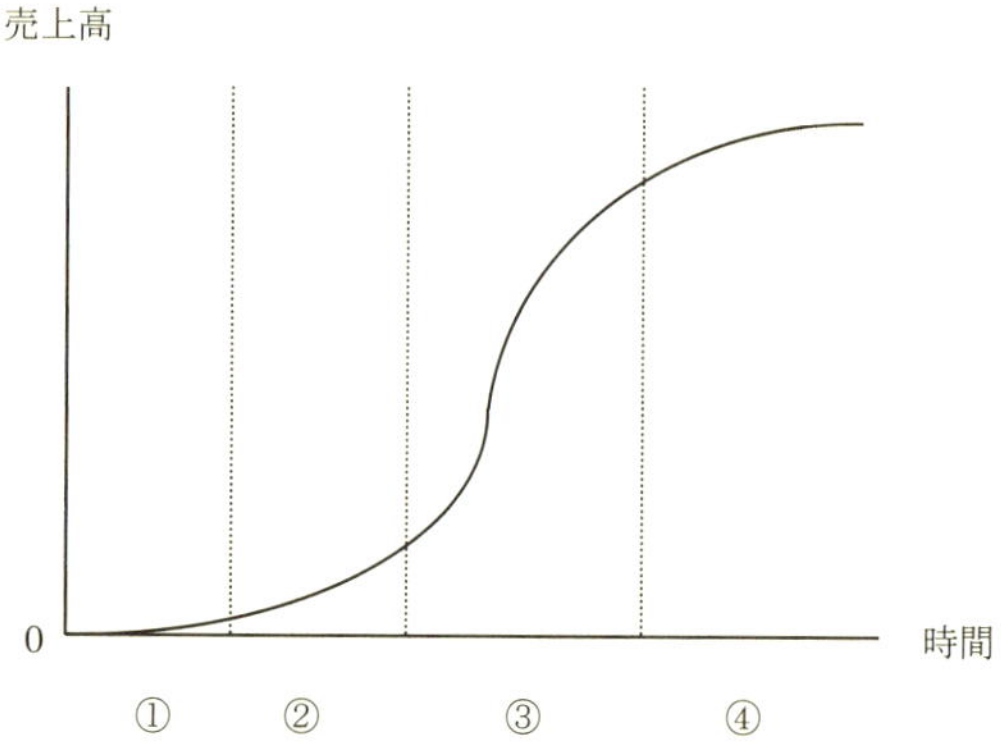

① シード期
② スタートアップ期
③ 成長期
④ 成熟期

図1　ベンチャービジネスの成長ステージ

売上が急増するのは、ベンチャービジネスが売り出したこれまでにない新しい製品やサービスにはライバル会社が存在しないので、売れ始めるとすべての売上を独占できるからです。

しかし売上が急増する理由はそれだけでしょうか。急成長できないベンチャービジネスは低迷してしまう可能性が高いからではないでしょうか。

ベンチャービジネスが開発した新しい製品やサービスが魅力的であれば、特殊な技術を要するか、強固な特許等で守られていない限り、他の会社が類似商品を売り出してくるでしょう。そのとき長く事業活動を続けてきたライバル会社が、他の事業で蓄積した技術やノウハウを活用して、よりよいものを低コストで作ったとしても不思議ではありません。また大企業や優良中堅企業であれば、強力な販売力を持っていることでしょう。

まともにぶつかれば、ベンチャービジネスに勝ち目はありません。それを避ける方法は、他の会社が市場に参入する気にならないくらい、早々にその分野で圧倒的な地位を確立してしまうことです。つまり先行逃げ切りです。大きな売上が期待できる魅力的な製品・サービスの開発に成功したならば、他の会社が参入してくる前に、市場で圧倒的な存在感を持つ有力会社へと成長してしまえば、優位に競争できるでしょう。

ところで急成長ということばは肯定的に響きますが、実際のところは、色々な面で無理を重ねることになります。たとえば、まだ売上高が少ないうちから、売上の急増にも対応できるような大きな設備や人材を保有しておくには、身の丈に合わない投資をしなければなりません。もし予想どおりに売上が伸びてくれなければ、それは過剰投資と呼ばれ、その後の経営を長く圧迫することになるでしょう。

また事業が拡大して、従業員が急増すれば、単に人数が増えただけでも管理が難しくなるのに、業務に不慣れな新人が増え、起業したころの苦楽の思い出を共有しない、異質な人が混じるということになります。

経営の安定性や安全性を考慮すると、急成長は会社にとってあまり好ましいことだとはいえません。しかしベンチャービジネスには、ゆっくり成長するという選択肢はないのかもしれません。

（3）ベンチャービジネスの成長過程の2つの関門

ベンチャービジネスでは、常に資金は不足しがちですが、特に資金繰りが厳しくなる時期が2度あるといわれます。1つ目がスタートアップ期、2つ目が成長期の初期です。

起業した時点から様々な支払いが発生し続けますが、スタートアップ期になってもまだ売上はわずかです。会社からお金が出ていくばかりの時期が続きます。それに備えてまとまった額の資金を準備して起業するのですが、それが尽きかけるのがスタートアップ期です。資金が底をつき、支払いができなくなると一巻の終わりです。成長期を迎えることなく、倒産してしまいます。この時期が第1の関門で、どうにかして無事乗り切らなくてはなりません。

2つ目の関門は、成長期の初期に出現します。ここでは、成長のための投資資金を確保できるかどうかが分かれ目となります。もたもたしていると、ライバル企業に追い上げられ、まだ弱小企業のうちに競争を強いられます。しかし必要な投資資金を確保することは容易ではありません。売上が急増する前の段階なので、売上実績も信用もないからです。ここで資金を調達できるかどうかによって、会社が成長できるかどうかが決まります。

3　ベンチャービジネスの資金調達方法

（1）2種類の資金調達方法

会社の資金調達方法は、2つに大別されます。出資者（株式会社の場合は、株主）に出してもらうか、借りるかです。貸借対照表では、借りたお金は負債、出資者に出してもらったお金は純資産に含まれます。出資者に出してもらったお金と、借りたお金とでは、財務管理上、大きな違いがあります。

借りたお金は、利息を付けて返さなければなりません。会社の都合のよいときに返せばよいのではなく、通常、借りる時点で返済日と返済額が決められます。返済が滞ると支払不能とみなされますので、お金の流出入が不安定な会社にとっては、かなりのプレッシャーとなるでしょう。

一方、出資者に出してもらったお金には、利息を払う必要はありませんし、原則として返却もしません。つまり会社は返済期限を気にせずに使い続けることができるのです。ただしもらったわけではありませんので、利息の代わりに、会社は出資者へ利益を分配します。それが配当です。

配当を受けるのは出資者の権利ですが、利息とは異なり、会社は決められた日に決められた額を支払う必要はありません。利益がないのに配当することは禁じられていますし、利益があっても、そのお金を会社が使いたいときは、配当せずに内部留保することも可能です。実際、ベンチャービジネスや中小企業では、無配はふつうのことです。

出資者にお金を出してもらう方法は2つあります。1つは出資です。株式会社では、新規発行する株式を購入してもらうというかたちで、出資が実行されます。

もう1つの手段は内部留保です。内部留保とは、利益を配当せず、事業活動で使用するために会社に残すことです。資金調達というと違和感があるかもしれませんが、会社は出資者へ利益を分配すると約束しているので、配当しなかったとしても、利益は出資者のものです。内部留保したお金は出資者のものなので、会社に残すことは、出資者からお金を調達したことになるのです。

(2) ベンチャービジネスと借入れ

ベンチャービジネスが金融機関からお金を借りるのは、簡単ではありません。とりわけ最も資金を欲する、成長過程の2つの関門に直面する時期には、いっそう難しくなります。

貸し手として一番先に頭に浮かぶのは、街のあちこちで見かける銀行(信用金庫、信用組合などを含む)でしょう。確かに貸出は銀行の主要業務なのですが、簡単には貸してくれません。銀行は受け入れた預金を貸出に利用しているので、元利保証している預金の払い戻しに応じるため、貸したお金を確実に回収しなければならないからです。ですから会社が銀行からお金を借りるためには、確実に返済できることを示さなければなりません。返済の確実性を示すには、現時点での充分に高い売上高や利益によって返済能力の高さを証明するか、価値ある資産を担保として提供するかです。たいていはその両方を求められます。

ところがベンチャービジネスには、どちらも難しいことです。スタートアップ期や成長期の初期時点では、利益どころか売上でさえ充分とはいえません。担保に関しては、会社の代わりに、起業家が個人財産として所有する不動産を提供することがよくありますが、会社経営の破たんが起業家やその家族の生活を脅かすことになるので、心理的に負担に感じられるでしょう。

実績や担保がなくても、銀行が会社の将来性に賭けてくれるほど有望であれば、お金を借りられる可能性はありますが、それはそれでとても高いハードルだといえるでしょう。

中小企業やベンチャービジネスでは、銀行からではなく、政府系金融機関や地方自治体の制度金融から資金を借りることがあります。これらの機関は、中小企業の支援・育成や地域経済の活性化などを目的としているので、銀行のような民間金融機関に比べて融資条件が緩やかです。信用力の低い会社でも、融資を受けられる可能性があります。ただし、それらの機関は、各々の目的を達成するために、融資対象となる会社に条件を設けています。うまく条件に合致すれば、よい融資条件で資金調達ができます。

銀行からの借入れが難しく、政府系金融機関などの融資対象から外れても、ノンバンクからは借りられる可能性があります。ノンバンクとは、銀行とは違って預金を受け入れていないのでそのように呼ばれる、民間の金融機関です。

ノンバンクは、銀行に比べ、リスクの高い会社にでも融資することや、申し込みから融資されるまでの期間が短いことなどが特徴です。その代わりに高金利です。比較的金利が低めのものもありますが、利息制限法の上限金利に近い水準に設定されていることも珍しくありません。超低金利が続くなか、上限金利に近い金利というのは、極めて高く感じられます。

ところで最近は、銀行でも「ビジネスローン」などの名称で、伝統的な銀行貸出とは異なる、ノンバンクの商品と類似したローンを取り扱っています。もはや銀行借入れがすべて低金利の貸出とは限りませんので、注意が必要です。

(3) ベンチャービジネスと内部留保

現在、日本の主要企業の多くが、必要資金を内部留保だけでまかなっています。優良中堅・中小企業でも同じです。

内部留保は、利益を分配しないだけですから、借入れの際のように多くの書類をそろえたり、文書を作成したりする煩雑な手続きは不要です。しかも出資者の出したお金ですから、返済義務もありません。ベンチャービジネスにとって、好ましい性質を持つ資金調達方法です。

ところが内部留保による資金調達の最大の難点は、その会社の利益額が調達できる金額の上限となることです。当然ながら、利益がなければ内部留保できません。

順調に発展した場合でも、ベンチャービジネスが黒字転換するのは、成長期の半ば以降だといわれます。そのころになると、売上が大きくなる一方、事業拡大のための投資が一段落し、費用の増加が抑えられるようになるためです。つまりベンチャービジネスの資金が逼迫する時期には利用できない方法ということになります。

（4）ベンチャービジネスへの出資者

出資者の得られる経済的利益は、配当とキャピタルゲインです。キャピタルゲインは、株式や出資証書を売却した価格が、出資額よりも高値であれば発生する売却益のことです。

個人で起業する場合、最大の出資者はたいてい起業家本人で、自分の貯蓄を元手に事業を始めることが多いようです。本人以外の出資者は、家族・親戚や友人などが多くなります。起業家が頼みごとをできる相手です。ベンチャービジネスへの投資はリスクが大きいわりに、中短期間では経済的利益をほとんど期待できないので、投資対象としては魅力に欠けます。ですから純粋な投資目的ではなく、起業家を支援したいという思いからお金を出すことも多いでしょう。

もし投資目的でベンチャービジネスに投資するならば、事業内容や起業家やその他主要メンバーの能力を的確に評価することが必要になりますが、それは専門家にとってもとても難しいことです。しかしながら投資目的でベンチャービジネスに投資する投資家も存在します。「ビジネスエンジェル」あるいは「エンジェル投資家」と呼ばれる個人投資家や、ベンチャーキャピタルです。

アメリカのビジネスエンジェルには、起業経験のある人や企業経営に携わっていた人が多く、お金を出すだけではなく、投資先ベンチャービジネスの経営に関与し、助言や支援を行うことで投資リスクを低下させるといいます。

ベンチャーキャピタルは、未公開のベンチャービジネスへの投資を専門とする機関投資家で、多くの場合、自分たちのお金だけでなく、投資ファンドを形成し、集めたお金もあわせて投資します。ベンチャーキャピタルは保有する資金が大きいので、個人の出資に比べて大きな金額を調達することができます。

投資目的のビジネスエンジェルやベンチャーキャピタルからの出資は、将来株式公開を予定していることが前提となります。未公開企業の株式は流動性に乏しいので、低く評価されてしまい、売却しても充分なキャピタルゲインを得られないからです。また、ベンチャーキャピタルが集める投資ファンドの運用期間は通常10年程度ですから、期間内に取得した株式を処分し、投資資金を回収しなければなりません。ですから近い将来、株式公開できそうな会社が投資対象となります。

4　新しい資金調達方法：クラウドファンディング

(1) クラウドファンディングとは

最近、「クラウドファンディング」と呼ばれる新しい資金調達方法が関心を集め、徐々に存在感が高まってきました。クラウドファンディングとは、資金調達者と投資家をインターネットサイト上で結びつけ、多数の投資家から少額ずつ資金を集める仕組みです。

クラウドファンディングはアメリカで開発され、発展してきました。2000年代半ばのＩＴ技術革新によって、誰もがウェブを通じて情報を発信できるようになったことが、市場拡大の要因だといわれます。ＩＴに関する特別な知識や技術がなくても、資金を必要とする人は、自分のアイディアや計画を公開し、それに共感して資金提供してくれる人を探せるようになったのです。

日本では、２０１１年の東日本大震災が、クラウドファンディング導入、拡大の契機となりました。主要なクラウドファンディングのサイトが、この後の時期に開設されています。クラウドファンディングは低コストで多くの人から少しずつお金を集めることができるので、支援金を募るのに適していたからです。

(2) クラウドファンディング取引の当事者

クラウドファンディングの取引では、資金調達者、投資家、サイト運営会社の三者が当事者として関わります。投資家は通常、個人です。

資金調達者は、サイト上に、プロジェクトの内容や調達目標金額、「リターン」と呼ばれる資金提供の報酬の内容などを公開し、資金を募ります。投資家は多くのプロジェクトを見比べながら投資をするかどうか決めるので、目標どおりの資金が集まるとは限りません。多くのサイトでは、目標金額に達しなければ、集まったお金をすべて投資家へ返すことを定めています。資金が足りなければ、投資家が当初承認したプロジェクトを計画どおりに実施できないからです。

うまく資金調達ができれば、資金調達者はサイト運営会社へ手数料を支払います。そして集まったお金を用いてプロジェクトを実施し、提示した条件に応じて、投資家へリターンを提供します。サイト運営会社は、資金調達者にプロジェクトを公開する場を提供し、資金調達に成功すれば手数料を受け取ります。

サイト上で公表する前にプロジェクトを審査することも、サイト運営会社の大事な業務の1つです。投資結果については投資家の自己責任ですが、サイト運営会社には詐欺などの犯罪行為や反社会的行為を阻止する責任があります。問題あるプロジェクトはあらかじめ排除しなければなりません。また、質の悪いプロジェクトが多ければ、サイトの評判が悪くなります。それを避けるため、自らが実行可能性や信用性、公共性、創造性などの観点から、事前にプロジェクトを審査しています。

(3) クラウドファンディングの分類

クラウドファンディングのサイトは日本でも増えてきましたが、リターンのタイプによって、「寄付型」、「購入型」、「貸付型(融資型)」、「株式型」の4つに分類されます。

「寄付型」はことばどおり、リターンを求めない資金提供です。投資家は、資金調達者の提示したプロジェクトに共感すれば、賛同者や支援者として、無償で資金を提供します。東日本大震災のあと、復興支援のプロジェクトのために利用されたクラウドファンディングは、このタイプです。

「購入型」では、投資家にプロジェクトの結果として完成した商品などが提供されます。リターンの経済的価値の大きさはプロジェクトによって異なり、投資額に対してかなり小さく、支援に対する感謝の気持ちを表す程度のものであることもありますし、投資額と同程度の価格の商品がリターンとして提供されることもあります。

「貸付型（融資型）」は、リターンとして利息が支払われ、期限がくれば資金も返却されます。ただし貸付型であってもクラウドファンディングは投資ですので、元利保証はありません。資金調達手段としては、借入先を多様化する効果があるものの、サイト運営会社へ支払う手数料やリターンを合計すると、コストがかなり高くなります。

「株式型」は、アベノミクス「第三の矢」のなかの、民間投資を喚起する成長戦略の一環として、2015年5月に創設されたばかりの制度です。インターネットを介して取引が行われるという点を除くと、投資家にとっては、通常の未公開企業への株式投資と大差ありません。

しかし不特定多数の投資家からの資金調達は、これまで厳格な情報開示の義務と責任を課せられた公開企業のみに認められてきたことです。調達額に上限が設けられているものの、未公開企業がインターネットをつうじて不特定多数から出資を募ることが解禁されたというのは、とても画期的なことなのです。

（4）クラウドファンディングの可能性と課題

クラウドファンディングは、ベンチャービジネスの限られた資金調達方法に、新しい選択肢を加えてくれる可能性があります。クラウドファンディングではプロジェクト案の段階で資金調達できるので、これまでは自分で用意するか、頼める人に出資してもらうしかなかったシード期やスタートアップ期の、新たな資金調達源となるかもしれません。そうすれば商品を広く売り出す前に資金が尽き、倒産してしまう危険性を小さくできます。しかもクラウドファンディングで調達した資金は、貸付型（融資型）以外は返済する必要がありません。

「購入型」で、リターンとして完成した商品を提供することが決まっている場合には、作る前から販売予約がされているようなものです。また、目標金額に到達したということは、購入してくれる顧客が相当数存在することの証明となりますので、市場調査を兼ねてクラウドファンディングを利用する会社もあるようです。

ただし購入型クラウドファンディングを利用すると、まだ企画中の商品のアイディアを公開してしまうことになるので、それが優れたものであれば他社に模倣され、先に商品化されてしまう危険性が伴います。

「株式型」は未公開企業に不特定多数からの資金調達を解禁するものです。不特定多数に働きかけることになるので、出資者を見つけられる可能性が高まります。起業を目指す本人やその周辺の人々に充分な財力がなくても、優れたビジネスモデルや技術があれば、起業できるようになるかもしれません。起業を目指す人にとっては朗報でしょう。

ただし、株主はただお金を出してくれるだけの人ではなく、経営参加権を持ちます。株主の経営への関与は、会社や起業家にとって好ましいときばかりではありません。資金調達の観点からだけでなく、経営権についても熟考したうえで、利用することが必要でしょう。

5　おわりに

ベンチャービジネスで財務管理に苦労しなければ、それはとても幸運だといえるでしょう。多くの場合、資金不足が常態化しており、危機に備えて周到に準備することが難しく、そのうえ予想外のトラブルまでしばしば発生し、ヒヤリとするものです。そして時にはヒヤリではすまず、危機に直面することもあります。

ヒヤリではすまなくなったとき、起業家は経営の最高責任者として、会社の存続可能性について冷静に判断することが必要です。危機的状況が財務上の問題で生じたもので、会社の成長性や将来性に問題ないのであれば、支払不能を回避するために必死で金策に走るのは、有意義かつ必要なことです。しかし経営不振が根本的な原因ならば、その時点で会社を終わらせた方が、損失を抑えられるでしょう。

ベンチャービジネスには高リスクが伴いますから、かなりの確率で失敗します。起業家にとって、自分の会社を倒産させることは辛いことですが、うまく終わらせることは再挑戦する機会へとつながります。最後に、「支払能力を維持すべきかどうか」の最終判断は、起業家にゆだねられていると書いて終わりたいと思います。

参考文献

板越ジョージ（2014）『クラウドファンディングで夢をかなえる本』ダイヤモンド社。

鯨井基司・坂本恒夫編、中小企業・ベンチャービジネスコンソーシアム著（2008）『ベンチャービジネスハンドブック』税務経理協会。

中井透（2013）『物語でわかるベンチャーファイナンス入門』中央経済社。

日本証券業協会、非上場株式の取引制度に関するワーキング・グループ報告書（2014）「株式投資型クラウドファンディング及びグリーンシート銘柄制度等に代わる新たな非上場株式の取引制度のあり方について」。

5章

ベンチャービジネスと物流管理

追手門学院大学経営学部専任講師　宮﨑 崇将

1　はじめに

本章のテーマは、「ベンチャービジネスと物流管理」です。最初に、基礎知識としてそもそも物流、物流管理とは何かということを説明します。その後に、通信販売における物流の課題と取り組みについて紹介します。後述のように物流というのは、生産や販売と同様に非常に幅広い概念です。したがって、様々な業界や業種、事業分野に関係します。そのため、ベンチャー企業の販路について重要でかつ最近特に利用しやすくなっているネット通販の物流管理に絞ります。

2　物流とは

（1）商取引の2つの側面：商流と物流

まず物流という概念を確認します。企業は、様々な活動をしています。例えば、コカコーラ社は缶コーヒーブランド「ジョージア」という商品を販売して、私がお金を支払って買うことで、利益を得ています。そのように、多くの場合、財（商品）やサービスを消費者に販売して、その代価としてお金を受け取ることで利益を獲得しています。企業が消費者に対して、消費者が欲しいと思っている財やサービスを提供して、この代価としてお金をもらうというのが市場取引もしくは、商取引です。

この商取引は、商流と物流という2つに区別できます。商流というのは何か。企業が消費者に対して商品を提供する、そのときに例えば営業とか販売担当の人が、「この商品は糖分少なめで、コーヒーのコクが味わえて、すごいおいしいですよ」というように商品の説明をして、納得したら買いますということで、元々ジョージアが持っていた商品を私に譲ってくれます。1つの側面は商流というふうに言いますが、難しく言うと、所有権の移転、商品というのは誰か持っている人がいるので、その持ち主の交換ということが行われます。このために、さっき言ったように、買ってもらうために、しっかりと商品の説明をしたり、魅力を伝えるということをします。そういったことをするのが、企業の中で言うと営業と言われている人たち、その中で働いている営業担当者ということになります。

もう1つ、条件に沿って単に売ったり買ったりする契約というのは、「あなたが持っているものを私が買います」って言って、口約束しているみたいなものなので、実際に缶コーヒーなら缶コーヒーを、私にちゃんと渡してくれるということが必要になります。そういった実際に商品を消費者に対して、渡す、届ける、そういったプロセスを物流というふうに言います。こういったものを担当するのは、もちろん企業の中で言うと、物流部門、物流担当者と言われる人たちになります。

これはなぜそんなふうに区別するのかということですが、私たちが例えば日常的に、この商品を買ったりした場合には、あるいはみんながファミリーマートで商品を買う場合には、もうそこに商品があるので、それをレジに持っていってお金を払えば、物が手に入ります。こんなふうに、すぐに実物がある場合と、そうではなくて、例えば今日お話する通販のように、まず買います、売ったり買ったり、契約をします、手続きをします。その後に物が運ばれてくるというふうに、そこは分担をしてる場合というのがあります。そんなふうに売買、売ったり買ったりということが、実際の商品の流れと一致している場合（商物一致）もありますし、そうではなくて、ここが切れちゃっている（商物分離）というのがあります。そのために商流、物流、あるいはそこの担当者が別になっているということもあるので、商流と物流というのを区別しています。2つは切り離せるものではありませんが、今日のビジネスでは物流の重要性が高まっています。

(2) 物流の構成要素

①輸送

ここではさらに詳しく物流がどのようなものなのかについて説明します。物流は、①輸送、②保管、③荷役、④包装、⑤流通加工から構成されています。

カルビー社のポテトチップスを具体例に商品の供給プロセスを説明します。ポテトチップスの出発点は原料となるジャガイモです。ジャガイモは北海道が80%ぐらい占めていますが、ジャガイモ農家によって育てられています。収穫されたジャガイモは、その場でポテトチップスになるわけではなく、工場に運ばれて作られます。したがって、ジャガイモの中心的な産地である北海道から、各地域の、関西で言えば滋賀の工場や倉庫に、ジャガイモを運ぶ必要があります。このように生産の地点と消費の地点は多くの場合空間的に離れています。そのため、商品を輸送しています。物流というものの1つの主要な側面は、この輸送です。

輸送というのは一般に野外での貨物の移動を行うことを言います。トラックを用いた自動車輸送、鉄道を用いた鉄道輸送、船舶を用いた船舶輸送、航空機を用いた航空機輸送。あるいは、石油とか天然ガスと言われるものは、日本ではなかなかないんですが、パイプを使ってパイプラインで輸送をしています。こんなふうに、いろんな交通手段に応じた形で、物を運ぶというのが輸送というものので、これが物流の1つの主要なものになります。自動車で運ぶのか、トラックで運ぶのか、鉄道で運ぶのか、船舶を使うのか、飛行機を使うのかということで、それぞれ当然、飛行機を使えば早く届けられますが、非常に輸送費が高額です。反対にタンカーなど船舶を使えば国際的な輸送でも比較的安価になりますが、輸送には何カ月もの期間が必要となります。そのように、どのぐらいの期間で運びたいのか、あるいは、どのぐらいのコストで運びたいのかということで、どの手段を使うのかということになります。物流といったときに、輸送が一番イメージしやすいと思いますが、物流の主要な構成要素になります。

②保管

次が倉庫などで保管とは、生産から消費までの各工程の中で、モノが経済的かつ効率的に流れるためのバッファ機能の総称です。バッファというのは緩衝材という意味です。先ほどのポテトチップスの例で言えば、ジャガイモは一年中、収穫できるわけではなくて、実際にはだいたい5月から10月までの半年弱の間に収穫されています。しかし、ポテトチップスは年中、作らないといけないので、その間、どうしているかというと、いったん大量に収穫したジャガイモを倉庫に保存しておいて、作るタイミングに応じて工場に運んでいます。このように物が作られるタイミングと実際に売られるタイミングというのは、常に同時なわけではなく、むしろほとんどの場合ギャップがあります。他にも、例えばクリスマスケーキやバレンタインデーのチョコレートのように、集中して売れる時期が決まっている商品というものがあります。1週間ぐらいしか売れない商品ですが、そのタイミングに合わせて、たくさん作らないといけないということで、前もって作り溜めしていて、一気に販売するということもあります。そういった形で、機能ごとに、必ずしもタイミングが合うわけではないので、生産のタイミングと使用のタイミングといったもののギャップを埋める必要があります。このギャップを埋める機能が保管です。ワインのように、樽に保管したまま寝かせておけば美味しくなり、価値も高まるという商品もありますが、基本的には、できたものをそのまま販売したほうが、鮮度や品質も低下せず、保管費用なども節約できるため、保管というのは必要ではありますがなるべく少ないほうがよいと考えられています。

③荷役

ＴＶの映像などでジャガイモ農家の人が、かごや段ボールに収穫したジャガイモをつめて、トラックの荷台に積み替えたりしている姿を見かけると思います。そのようにモノを輸送したり、あるいは保管をしたりするときに、どうしても人手を掛けないといけないところがあります。そのように人の手で荷物を、積み降ろしをしたり、あるいはフォークリフト、倉庫の中に移動させたりしますが、そういった人を使った作業を荷役というふうに言います。ちなみにニヤクというふうに読みますが、役という字は苦役のように他の読み方でエキというのがあります。荷物を積み降ろしたりする荷役は、荒っぽい人たちが集まってやっていた仕事で、しんどい仕事だったので、元々はニエキというふうに言っていました。エキという字を充てるときは、だいたいこの苦役というふうに書いたりするときもそうですが、しんどいことをやるときに、だいたいエキというふうに読むので、そういったイメージを良くするためにも、荷役、役目とか役得とか言ったりしますが、ヤクと言うほうが、どちらかというと、肯定的だったり明るいイメージなので、ニヤクというふうに読むようになっています。こういった物を輸送したり保管をしたりするときに、人手を使った作業のことを荷役というふうに言っています。

④包装

例えばポテトチップスは一つひとつビニルの袋にはいっています。1個1個の商品に施されている包装のことを個装というふうに言います。なぜポテトチップスは、こういうふうに包装されているのかというと、油で揚げている製品なので、空気に触れると、すぐ酸化してしまいます。そのため、窒素を一緒に入れて、完全に包装をしています。空気を入れて品質を守るということと、何でも消費者に対してアピールできるカラフルな見た目にしたいということで、例えばビニールを使った包装が行われています。ただし、この姿のままだと、実際に運んだりするときに不便なので、内装と言われるように、段ボールに入れて運ぶというようなことをしています。段ボールで運ぶことになりますが、それは消費者にとっては見た感じ、魅力を感じられないので、実際に消費者に売るという意味でいくと、段ボールの姿のままでは売れませんが、輸送したり保管する効率性から言うと、段ボールのままのほうがいいということで、それぞれの用途に応じて、包装が変えられている、工夫されています。

特に日本では、包装に求められる品質が非常に厳しくて、最後に外装というやつがありますが、これは輸送するときに、段ボールなんかが傷まないように、外から保護するシートを貼ったりしています。日本では段ボールに、ちょっとでも傷があったりとか、擦れていたりすると、特にプリンタなんかだと、段ボールそのものに、コストを掛けていて、このプリンタを使ったら、こんなにきれいになるよ、みたいなアピールをするために段ボールを利用しているので、段ボールそのものが商品の一部のような扱いになっています。そのため、段ボールというのは、通常は輸送とか保管をするときに傷が付かないようにするための保護を目的としているんですが、日本では保護する段ボールそのものを傷付けてはいけないので、さらに段ボールを使ったりとか、シートで囲んだりしています。そうしないと、家電量販店に、ちょっと傷んだプリンタの箱を持っていったら、それだけで「そんなのは取引できない」というふうにはねられてしまうので、さらに外から覆ったりしています。特に日本では包装というのに気を遣っていて、後の通販の話の中でも、包装資材に対する気の遣いようというのは、日本では相当求められています。

⑤流通加工

最後が流通加工です。みんながユニクロなんかで服を買ったりしていると思いますが、当然服に何でできているのかとか、いくらなのかとか、商品のタグが貼られていると思いますが、ああいった商品タグを取り付けたり、あるいは同じような形ですが、化粧品なんかを法律で、薬事法で、どういった成分が入っているかなどを、表示する義務があります。そういった法律で決められている、シールを貼ったり、あるいは肉とかお魚を加工、切り身にするなど、こういったものを物流センターというようなところで行われていることがあります。他にもパソコンにOSとかをインストールするというふうなことも、行われたりしています。こういった同一の機能物の形態転換の加工などというところの話を流通加工というふうに言います。こんなふうに、例えばカルビーのポテトチップスで言えば、ジャガイモが取られて、消費するまで保管されて、それが実際に生産されて、いったん作ったポテトチップスが保管されて、コンビニなどから注文が来て出荷するというときは、物流センターに持っていって、お店ごとに分けてやって、配送をしています。こんなふうに商品というのは、ぱっと目の前に現れているものじゃなくて、いろんな形で輸送されていたり、あるいはタイミングを合わせるために保管されていたりという形で、様々なステップを通じて作られている。こういったものを物流といって、輸送、保管、包装、流通加工といった、後は荷役といったような要素からできています。

3　現在の市場の特徴と物流管理の重要性

(1) 在庫は資産か

なぜこういう物流を考えるということが経営にとって必要なのでしょうか。通常、商品の供給の仕方には2つの方法があります。1つは、オーダースーツのように、顧客から具体的な商品の注文を受け、それに基づき商品を生産し、販売するという受注生産と呼ばれるものです。受注生産では、手元に商品がないため、顧客に商品が渡るまで当然1カ月や2カ月という一定の時間が必要になり、消費者はその期間待つ必要があります。オーダースーツなどであればそれでもよいかもしれませんが、食料品や日用雑貨品のように頻繁に必要で、安価な商品ではなかなかその期間を我慢して待つというのは難しいです。先述のポテトチップスで言えば、消費者は生産されるのを待って買うのではなく、店頭にあるものを買います。少なくとも2週間前には生産されています。したがって、消費者が買う前に、すでに商品を準備しておかなければならないのです。このようにニーズが顕在化する前に、商品を生産する仕方を見込み生産と呼びます。見込み生産では、基本的には販売する商品を事前に生産あるいは仕入れて保有していますが、そのように消費者に買われることを前提として保有する商品を在庫と呼びます。そのため、在庫は実際には売れるかどうか分かりませんが、会計上、在庫は棚卸資産として計上され、企業としては何かしらの、お金を持っていることと同じ状態になります。そのように見れば、在庫を保有していることは、何も問題がないように思われます。これは果たして問題がないのでしょうか。

(2) 在庫の陳腐化リスクの増大

日本最大のコンビニエンスストア・チェーンのセブン‐イレブンの創業者で、セブン&アイ・ホールディングス会長の鈴木敏文氏が、セブン‐イレブンの成功の秘訣の1つとして言っているのが、「売り手市場から買い手市場への対応を敏感に察知して、それに対応したから、うまくいった」ということです。買い手市場というのは、供給＝企業が提供している商品の量が、需要＝その商品を欲しいと思っている消費者よりも多い状態であるという意味です。消費者は、製品の機能、品質、といったいろんな要素を、いろいろチェックをして購入をしています。現代の消費者で、家庭にテレビや冷蔵庫といった基本的な財を保有していないという人はごく少数だと思います。したがって、全く何もモノがなくて、急いで買わないといけないということはなくて、急がずしっかり商品を吟味して買えばいいというふうになっています。そのため、売れる商品はすごい売れるし、売れない商品は全く売れないということになります。消費者のピントに合わないものは、全然売れなくなっているということがあります。

鈴木氏は、この買り手市場の中で、ある商品が消費者のニーズにフィットして、爆発的に売れて、ある瞬間まで非常によく売れて、しかし、その商品が普及したり、消費者が飽きたりすると、途端に売れなくなってしまうという消費の推移を「茶筒型」と表現しています。現代では、さらに厳しくなって、鉛筆の尖端のように、売れるタイミングは本当に一瞬で、商品が売れても短い期間ですぐに、潮が引くように売れなくなってしまう「ペンシル型」と呼んでいます。このように、現代の買い手市場において、消費者の選択は非常に厳しく、商品を買ってもらえるタイミングは、非常にシビアになっています。そのため、商品を事前に準備して在庫として保有していても、売るタイミングを逃してしまうと、後になると売ろうとしても全く売れないことになります。このように在庫の売れる見込みがなくなることを陳腐化と言い、陳腐化した在庫のことを不良在庫と言いますが、現代ではこの陳腐化するリスクが非常に高いのです。

以上のように、通常の企業活動では、消費者から「何かこの商品が欲しいです」と言われて、明確な注文が来てから生産したり、あるいは調達したり、準備したりするのではなく、多くの場合事前に商品を生産、仕入れておいて、それをどう売るのかという話になります。そのように、あらかじめ準備されている商品のことを在庫というふうに言いますが、今は買い手市場と言われる経済の中で、商品が売れるタイミングというのは、本当に一瞬で、このタイミングを逃してしまうと、ただちに売れなくなってしまいます。そうなってしまうと、今ある在庫と言われるものが、全部売れない不良在庫になってしまうかもしれません。

(3) 在庫の適正化：欠品の最小化と過剰在庫の最小化

物流という部分では、在庫をいかに需要に近づけるのかということが重要な課題になります。例えばアパレル業界ではシーズンの期末にセールを行いますが、なぜセールをするのかというと、単に消費者を喜ばそうとしているわけではなくて、売れ残ってしまった商品を、価格を下げて（マークダウン）、消費者に買ってもらっているだけで、その利益を使って次のシーズンの仕入れをするということになっていきます。そのため、値段を下げて売るか、もしくは全く売れなくなってしまって、場合によっては廃棄しなければならなくなります。

ただし、ここは難しいところで、このぐらい売れるのではないかと思って、ぎりぎりの量を準備した場合、例えばコンビニに物を買いに行ったときに、あまりにも在庫の数を絞り過ぎてしまうと、注文が来たけど、商品がないという状態、これを欠品というふうに言っていますが、欠品してしまうリスクがあります。それで、本当はあったら消費者に買ってもらえたのに、それができなかったというのを販売機会損失あるいは、単に機会損失と言います。そうすると、例えば商品を買いに行ったのに欲しいものがなかったというふうになってしまうと、他のお店に行こうというふうになってしまいます。あるいは逆に、さっき述べたように過剰に在庫を持ってしまうと、値引きして販売するか、これを値引きロスというふうに、あるいは廃棄、あるいは在庫を保管しておく。これに保管と出てきましたが、倉庫に保管するだけでも他の費用がいろいろかかってきます。商品自体に保険をかけるということもありますし、当然そこで働いている人もいますし、不動産のコストもあります。なので、在庫として持っているというだけでも、コストが発生してきているということで、あんまり絞ると欠品のリスク、販売機会損失があるし、逆にあまり持ち過ぎると売れなくなったときに値引きしないといけない、あるいは場合によっては廃棄しないといけない。そもそも在庫をたくさん持っていたら、それだけ費用が掛かってきますよということが出てきます。こういったトレードオフの中で、どのように在庫を適正化するのかということが、課題になってくるということです。したがって、企業にとって在庫をどの程度持つのかというのは、非常に重要でかつ困難な問題なのです。

以上のように、物流というのは、実際に物理的に存在している商品を消費者に、実際にどうやって届けるのかということのプロセスがいります。そこで考えないといけないこととしては、通常、今の市場経済の中では、商品というのは買ってもらう前に、あらかじめ準備しています。それを在庫というふうに言いますが、在庫として商品を持って、注文に応じて取引をするというのが一般的です。知り合いの先生がよくご存じのお寿司屋さんにたとえて言いますが、みんなお寿司屋さんに行ったら、お寿司を注文すると思いますが、当然、例えばヒラメとかマグロとかウニとかを頼んだら、「じゃあ、今から魚屋さんに行って仕入れてきます」じゃなくて、ちゃんと下準備をされて、カウンターとかに置いています。例えば、お寿司屋さんのネタは、もちろん大将が準備しているわけですが、お客様が少なくて買ってくれなかったら、お魚なんてすぐに悪くなりますから、捨てないといけません。でも、逆にお客様が結構たくさん来てくれて、ヒラメを食べたいという人が出てくる、あるいはマグロを食べたいという人がたくさんいる。今日は、あんまりこのネタを置いてないというふうになると、お客様としては不満が募ります。ということで、どれだけの在庫を準備するのかということは、企業の活動にとって非常に重要な課題です。これに取り組むのが物流というところの1つの重要な課題になっています。

4　通信販売と物流

(1) 通信販売市場の動向

そうした物流というのが、非常に注目をされている分野として通信販売があります。ちょっと残りの話で通信販売と物流というところのお話をしたいと思います。例えば、何か自分なりにオリジナルの商品を作って販売をするとか、あるいは自分が、例えば調理器具が好きで、調理器具をそろえたお店を作りたいといったときに、なかなか実際の店舗を作るというのは、お金もかかるし、リスクも高い。消費者も、どうしても限られてしまいます。やはり小規模なベンチャー企業、まだまだ新しいベンチャー企業なので、販売経路、販路というふうに言いますが、何かしら新しい商品を作りましたとか、自分なりに何か、すてきな商品をそろえて販売したいというときに、近年、注目されるというか重要なのは、通信販売を利用するというのが、消費コストも抑えられて、さらに幅広い消費者に、うまくいけば、販売することが可能ということで、なかなかコンビニとか、スーパー、量販店、そういうところで新しい商品を取り扱ってもらうのは非常に難しいんですが、通信販売で自分で販売するというふうになれば、そのハードルがぐっと下がります。通信販売市場自体も2014年時点で13兆円弱と、ここ5年ぐらいの間に2倍ぐらいの規模に拡大していて、今後ますます伸びていくことが期待されています（経済産業省、2015）。そうした中で注目されている大事なことは何かということですが、それは今日お話をしている物流というところになります。

(2) フルフィルメントの整備

2つ、お話したいと思います。1つが物流のお話です。どういうことを、通信販売を行う上で気を付けないといけないのかということ。もう1つは、もうちょっと商流の話に関わってきます。

①フルフィルメントとは

日本において主要なネット通販のプラットフォームを提供する企業は、アマゾンと楽天です。２０１３年時点で楽天が保有する大型物流拠点である楽天フルフィルメントセンターは、千葉県市川市に２つでしたが、同年９月には千葉県柏市、２０１４年には関西初の物流拠点となる兵庫県川西市のＲＦＣがオープンするなど、同社は、優れたプラットフォームを提供するアマゾンに追い付くために設備投資を積極的に行っています（『日経ビジネス』２０１３年９月16日号、42ページ）。その取り組みの中心が、この物流です。

図１は、アマゾンや楽天などのネット通販を利用して商品を注文したときに、どのようなプロセスを経て、消費者のもとに商品が届いてくるのかというのを図示したものです。それを見ると、顧客（消費者）が、まずネットなどを通じて注文をします。その注文を受注センターというところで処理すると同時にクレジットカードなどで代金回収が行われます。きちんと決済されると、出荷指示ということで、商品を消費者に届けてくださいということで、倉庫に発注指示がいきます。倉庫にある商品の在庫を確認して配送をする。そして、消費者のもとに商品が届くというような注文の処理から配送までのプロセス全体のことをフルフィルメントと呼びます。例えばアマゾンのマーケットプレイスは、フルフィルメント・サービスを出店者に提供しています。

②配送のポイント

このプロセスの中で、様々なことが大事になりますが、特に重要なのが配送に関する部分です。配送に関して、消費者は実際にどのようなことを重視しているのかということですが、自社で仕入

図1　ネット通販における注文から配送までのプロセス
出所）筆者作成。

れを行うアマゾンに対して販売活動は出店している店舗で行う楽天では、「こと物流に至ってはこの『多様性』が長らく足を引っ張ってきた。巨大な施設を各地に持ち、物流の効率化を進めるアマゾンに比べて、出店者ごとに配送する構造が物流コストを押し上げてしまうからだ。例えば、ある消費者が同じタイミングで、楽天市場の3店舗で商品を購入した場合、同じ宅配業者であってもバラバラに商品が送られ、それぞれに配送料がかかる。どれだけ品揃えが多様で商品の代金が安くても、配送料がかさめば、消費者の足は遠のく。それだけではない。楽天市場の出店者によっては、配送にかける労力や時間がボトルネックになり、売上が伸び悩むケースが目立ち始めていた」（同、43ページ）ということで、楽天の課題を通して明らかなことは、配送料が重要であること、その配送コストを下げていくことが重要になっているということです。

また、アマゾンのプライム会員（有料会員）であれば、最短で当日中の受け取りが可能になるように、これまで日本の企業の消費者に商品を配送するときの考え方として、可能な限り早く届けるということに重きをおいて仕組みづくりが行われていました。しかし、実際に消費者の声を聞いてみると、必ずしも実はそうではなかったのです。**図2**は日本通信販売協会が行った調査の結果ですが、「荷物の配送で重視することは」という質問に対して、目をひくのは「配送時間帯の指定」（68％）と「配達日の指定」（62％）という2つの項目です。したがって、「翌日配送」（9％）や「当日配送」（4％）という配送の速さに関する項目は、実はそれほど高くないのです。これは実際に翌日配送などスピーディな配送ができているからということもあるかもしれませんが、消費者として重視している項目は、単純なスピードではなくて、実は消費者が欲しいタイミングで、むしろ消費者がこのタイミングで受け取りたいといったときに、本当にそのタイミングで来てくれるかどうかということが、実は重要であったということです。それゆえ、企業としては、その商品の在庫を正確に把握して、この商品は在庫があります、あるいは今欠品していてこれから手続きして、この日に必ず届きます。あるいは、うちの店舗は土日はお休みで、月曜日出荷になって、このタイミングになりますというように、消費者に対して、正確な配送スケジュールを連絡できるということが大事になります。楽天市場などでは、業者によっては、こういったことをしっかりやってくれる業者もあれば、ある日突然、商品がやってきたりという業者に分かれると思います。在庫がそもそ

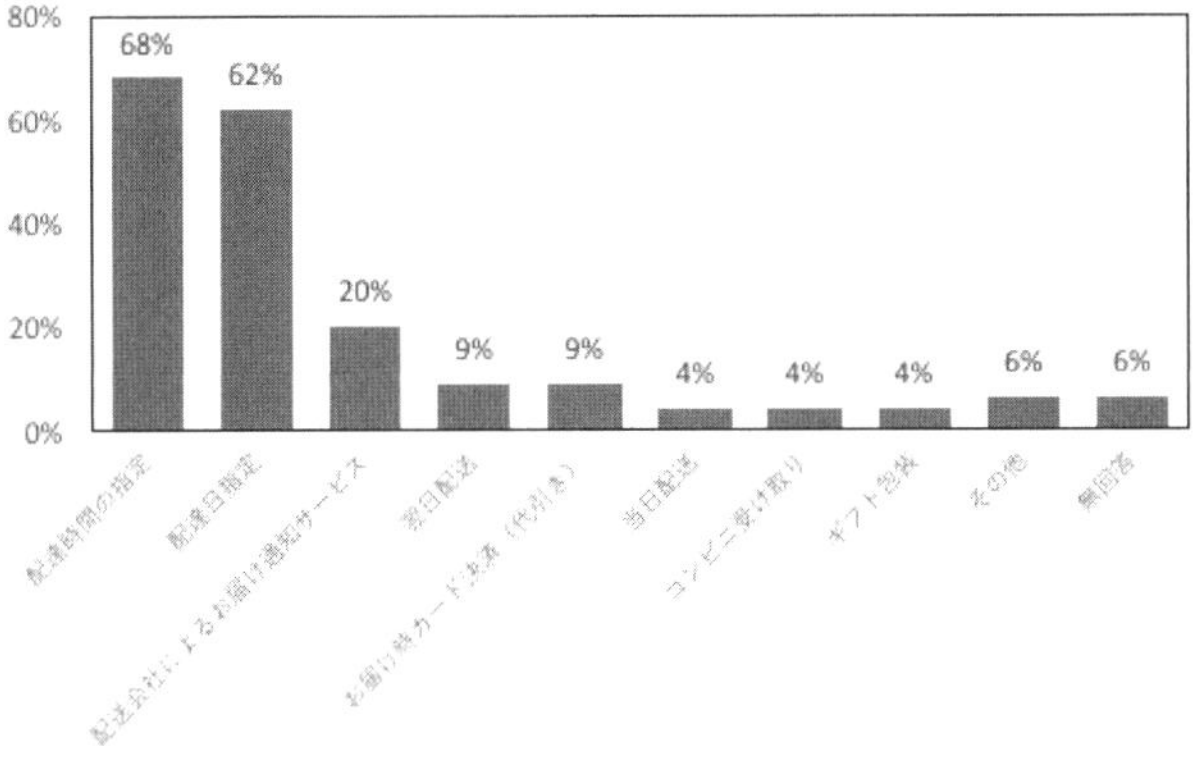

図2　配送で重視するポイント
出所）『JADMA NEWS』2013年6月号、13ページ

もきちんとあるかどうかということを正確に把握することそのものが難しいということがあります。そのため、通信販売を活用するという意味では、こうした正確なタイミングで消費者に届ける。あるいは、いつ荷物が来るのかというのを、しっかりと消費者に通知できる。それによって消費者に安心してもらえるようにしておくということが、非常に重要になります。

さらに言うと、荷物を1回、クロネコヤマトなどの宅配業者が届けに来たけど、受取人がいなかったので、持って帰り、不在通知が入っていることがあると思いますが、再配達するというのは、新たにコストをかけることになるので、配送コストが高くなることになります。海外に行くと、あれは有料なんですが、日本では無料でやってくれます。そういった、ムダな配送を避けるという意味でも、きちんと決められた時間に届けることができるという仕組み

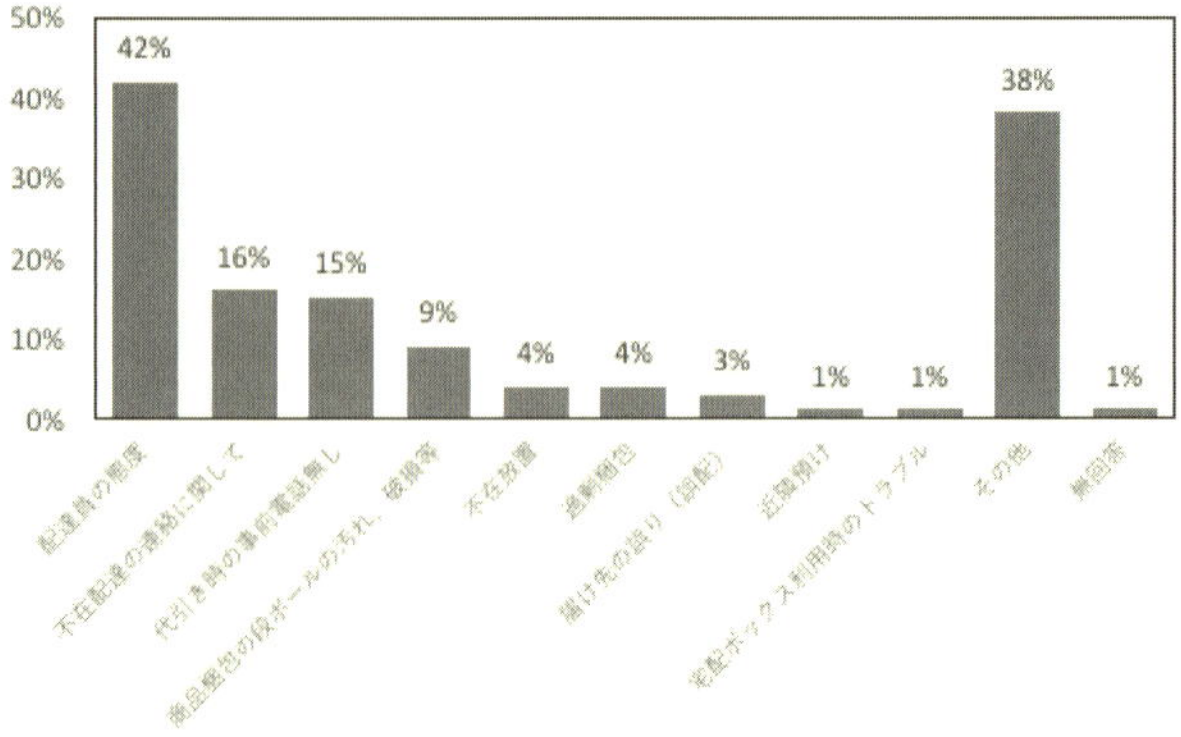

図3　商品受け渡しの不満の理由
出所）同上、12ページ。

を、どう作るのかということが、通信販売をやっていく上で、非常に重要な要素になります。

　他にも、上述の日本通信販売協会の調査の結果、商品受け渡しの不満の理由ということで、**図3**が示すように、配達員の態度が悪い、不在再配達の連絡が来ない、代引き時の事前電話なしで、お金の支払いができなかった、商品梱包の段ボールの汚れ、破損などということで、日本では特に非常に気を遣っていますが、少しへこんでいると、それだけでも非常に不満が出てくるということです。そういったことで1つは通信販売をやっていく上で、物流上の課題というのは、きちんと消費者に対して、正確に配送できるかどうかということで、楽天なんかが中心になって、そういった体制作りというのを行っています。

5　まとめ

以上のように本章では、1つは経済活動の中で、物流というプロセスがあるということで、物流というのを考えるのに、1つの意義としては、企業として、いかに必要な在庫、消費者に対して売れる量だけ在庫を持つには、どうしたらいいのかというふうに、在庫管理の観点で非常に重要な要素になっているということです。そういったことも含めて、通信販売の中で物流の重要性が現在注目されています。今は特に、どういうことが求められているのかということで、消費者に対して、しっかりとした、正確なタイミングで、きちんと荷物を配送できるかどうか。そのためには、この商品が、本当にデータ通り在庫しているのかどうか分からないとか、この商品はどこに保管していたのか分からないというようなものでは全くだめで、きちんと在庫の量などを把握して、正確にこのタイミングで消費者に届けることができますということを、提供できるような体制づくりというのができていないと、消費者に満足して買ってもらうことはできないということです。その他にも、しっかりと配達員の人に、愛想良く取り扱ってもらうために、最近では段ボールに、「笑顔でお願いします」みたいなことを書いていたりしますが、そういった配送における細やかな消費者への対応ということが、通信販売事業をやっていく上で非常に重要になっているということを紹介しました。

参考文献

(1) 浜崎章洋（2012）『ロジスティクスの基礎知識』海事プレス社。
(2) 浜崎章洋他（2014）『通販物流』海事プレス社。
(3) 経済産業省（2015）『平成26年度我が国経済社会の情報化・サービス化に係る基盤整備報告書』。
(4) 『日経ビジネス』2011年2月14日号、2013年9月16日号。
(5) 『JADMA NEWS』2013年6月号。

6章

ダークツーリズムの可能性

追手門学院大学経営学部准教授　井出　明

1　インタビュー

本稿は、富士ゼロックス社の広報誌『グラフィケーション』（193号）に掲載されたインタビュー記事を元に、加筆修正したものである。同誌からは、ゼロックスという企業が文化をどう捉えているかという点もうかがい知ることができ、企業のメセナ（文化活動支援）やCSR（企業の社会的責任）を考える上で興味深い記事が並んでいる。201号以降は電子版で発行されているので、経営学を学ぶ者は、ぜひ一度手にとってほしい。筆者の新しい寄稿も掲載されている。

URL　http://www.fujixerox.co.jp/company/public/graphication/current_number.html

2　観光とダークツーリズム

――最近、「ダークツーリズム」という聞き慣れない言葉が注目されていますが、誰が言い出したのですか。

日本では、「ダークツーリズム」は思想家の東浩紀さんやジャーナリストの津田大介さんがチェルノブイリ原発を対象とした紀行文を発表し、その後、書籍として『福島第一原発観光地化計画』（思想地図β vol・4－2）を世に問うことで一般化しました。[1] もともとはイギリスのジョン・レノンとマルコム・フォーリーという二人の学者がいまから二〇年程前、ヒロシマやアウシュヴィッツなどをはじめとして、戦争や災害といった悲劇の跡を訪ねる旅に「ダークツーリズム」という名前をつけたのが始まりです。その後急速に普及して、欧米では非常に一般的な概念となっています。

――日本語に訳しにくそうですね。

そうですね。そもそも観光という言葉は中国の『易経』の「国の光を観る」という一節をツーリズムの訳語としてとった明治時代の工夫です。いまの日本で行われている観光を英語に訳すならレジャーに近いと思います。しかし日本で観光がレジャーとなったのはそんなに昔ではなく、高度成長期以降です。つまり戦後、豊かになった大衆が「遊びとしての旅」を求めるようになり、意味が変わってきたわけです。だから見る人から見れば観光という言葉にはマイナスのイメージがあるので、〈福島第一原発観光地化計画〉にも抵抗があるのだと思います。

また伝統的に、ヨーロッパではブルジョワや貴族が、子どもの学識、見聞を広めるために教師と一緒に旅に行かせる習慣がありましたが、下層階級には縁のないことでした。ところがほとんど同じ時期に、日本の江戸では庶民が旅を楽しんでいました。それを可能にしたのは「講」です。一つのコミュニティーで構成員が金を出しあい、くじを引いて当たった人がその金で伊勢参りなどをしたわけです。一度旅に行った人はくじ引きに参加できないから継続してやれば全員が旅を楽しめるんですね。このことを海外の研究者に言うと皆驚きます。十八世紀に娯楽としての旅が成立していたのはおそらく日本だけですから。このように、旅や観光という言葉に対する考え方は、欧米とかなり異なっています。

――日本はダークツーリズムの対象としてはどうなのでしょう。

9・11のニューヨークのWTCビルはリアルタイムでダークツーリズムの対象になった場所です。ここでは、テロ事件が宗教的な対立にならないように配慮された悼みが捧げられています。他方、日本でダークツーリズムを享受しようとする外国人は大変なようです。日本人の死者に対する弔いの習俗がまだあまり諸外国に知られておらず、ちょっと来づらいところがあるみたいです。ダークツーリズムに参加する人はその辺りのことにとても敏感なのです。それでも三陸海岸に行くと、結構ダークツーリストが来ていますが。ただ最初にダークツーリズムを「戦争や災害といった悲劇の跡を訪ねる旅」と言いましたが、ヨーロッパでは天災はあまりないので、どうしても戦争、特に第二次大戦のナチスの蛮行が中心になります。

——日本の場合、戦争の加害者でもあれば被害者でもあるという側面があるので、少し面倒ですね。

きょう我々のいる東京都慰霊堂は関東大震災の犠牲者の慰霊が目的で、大量の焼死者が出た陸軍被服廠の跡地に建てられたものですが、現在は、東京大空襲の犠牲者に対する鎮魂の施設としての役割も果たしています。広島平和記念資料館などまとまった対象としては被害者の側面から見た展示が多いのですが、加害者としての側面を展示したものも、断片的ですが各地にあります。もちろん韓国、中国に行けば加害者としての日本を糾弾する施設は山ほどあります。ただ難しいのは、例えばソウルの西大門刑務所歴史記念館は日本が政治犯を拷問にかけていたことを展示していて、確かにそれは事実ですが、日本が引き揚げた後、韓国の軍事政権が同じ場所で韓国市民にもっと酷い拷問をしているんです。それで軍事政権のしたことをもっと問題にすべきだという意見が韓国内であがっています。

日本国内にも本土決戦に備えて長野の松代に皇居と大本営を移す計画があって、そのために掘った地下壕が観光地として整備されています。無料だしダークツーリズムポイントとしておすすめなんですが、実際に見るとこんなことを真剣にやっていたのかとちょっとびっくりします。でも見た後、戦争の狂気を感じさせます。

戦争のダークツーリズムを仔細に見ていくと、単純に被害者、加害者の概念では割り切れない多面性が見えてくると思います。

——中国に最近、伊藤博文を暗殺した安重根の記念館が造られたとか。

ハルビンですね。私が行ったときはちょっとした目印が立っているだけでした。他に北京に中国人民抗日戦争記念館、南京に南京大虐殺記念館などがあります。外国から来た観光客に何を見せるかということは重要な外交戦略なんですが、最近の中国・韓国の宣伝攻勢はすごくて、これまでは本国に来る外国の観光客に「日本はこういう悪いことをした」と宣伝をしていたものが、最近は例えばサイパン島にやって来る観光客にまで訴えるようになっています。パラオなどは日本の戦前の委任統治が比較的うまくいっていた地域ですが、そこでも日本軍の残虐行為が博物館の展示に出ています。

映画『戦場にかける橋』の舞台になったタイとミャンマーの国境地帯にある泰緬鉄道の、タイ側の起点であるトンブリ駅近くにあるシリラート病院の博物館でも日本軍のしていたことを展示していて、いまではタイ観光の一大拠点になっています。現地に行ってみると白人の捕虜以外に現地徴用が多かったことがわかります。東南アジアは華僑の割合が多いことも関係していると思うのですが、同種の観光地はアジア・太平洋地域で急速に増えています。

もちろん日本が過去の戦争を肯定することはできないけれど、ダークツーリズムの研究を通じて日本の戦争の複雑さを外国に伝えることも可能になるのではないかと思います。

3　近代をめぐる旅

ダークツーリズムの概念そのものも最近変わりつつあって、ロンドンの切り裂きジャックの殺人現場をめぐるツアーとか、本来のあり方からかけ離れたツアーが多くなってきています。アメリカのアルカトラズ監獄ツアーなどは非常に娯楽性の強いものです。サイパン島のバンザイクリフもダークツーリズムポイントですが、死者の追悼という気持ちの人もいれば、どんな場所で飛び込んだのか見てみたいという興味本位の気持ちで訪れる人もいるかもしれません。ですが、実際にその場を訪れると、そこで多くの人が亡くなった現実に打ちのめされ、厳粛な気持ちになるはずです。言い換えれば、そこで生まれた悲しみを共有する、忘れないということがポイントだと思います。旅で見聞したことって、結構覚えているものですから。

一方で、ダークツーリズムを気楽に楽しむ姿勢も必要だろうとは思います。先日、北海道の網走監獄に行ったんですが、あそこはダークツーリズムとしてとてもハードルの低い設定になっていて楽しめます。「監獄定食」がおすすめです（笑）。

網走監獄には私は三回も行っていて、いまの展示になる前にも訪れたことがあります。最初は粗削りの展示で、政治犯が北海道の開拓にかり出されてそのまま獄死する話などは、以前はさほど強調されていませんでした。さまざまな批判を受け、展示が洗練されていったのです。ダークツーリズムには批判を受けることで、地域の見せ方がより深くまた多面的になっていくという意義もあります。楽しみつつも、見終わった後で深い意味を持っていることがわかる、それがダークツーリズムなんです。

また、広島でしたら原爆ドームの近くに宮島とかマツダの自動車工場などがあるので、そういう場所に息抜きに行くことも大切です。地域を多面的に理解できるようになるからです。遺構の問題としてしばしば引き合いに出される原爆ドームがなぜ壊されずに残ったのかという問いに関してはいろいろな議論がありまして、占領中は、アメリカの勝利の象徴としての意味合いも強かったようです。[2]それはドームの内部に残されたアメリカ兵の落書きを見てもわかるそうです。しかしいま、アメリカ人の観光客にそんな態度で原爆ドームを見る人はいません。ダークツーリズムにはそういう啓発効果もあるんです。

長崎の軍艦島の観光も最初は廃墟ツアーでしたが、もともと住んでいた人があそこは単なる廃墟ではないと言い出したことから目的地としての性格が変わりました。いまはまだ高度成長時代をしのぶ「三丁目の夕日的ツアー」ですが、やがてはダークツーリズム的な要素も組み込まれるでしょう。例えば軍艦島の隣の島には、中国や朝鮮半島の方も含めて、あそこで亡くなられた方を弔う場があるのですが、その存在自体、多くのツアー客は知りません。また観光業者もはっきりとは言いません。地域の負の歴史を明らかにすると地域の人と軋轢が生じてしまいますから。しかし、いずれ視野が広がって負の歴史も展示するようになると思います。

——ダークツーリズムとは、結局、近代をめぐる旅と理解できそうですね。

もともとそういう定義です。韓国の研究者の中には古代までダークツーリズムに含めるべきだと言う人もいますが、基本は近代で、具体的には三代、150年くらいが実際にそこに赴いてそこが伝える悲しみを実際に体感できる限界ラインかなと思います。私の祖母は明治29年生まれで、その息子の一人、つまり私の叔父は太平洋戦争で亡くなっていて、その悲しみを私は祖母から聞いて知っています。その祖母の父の話くらいまでは実感を持って話を聞けるような気がします。

数世代にわたる記憶の承継に関しては、足尾銅山の話が示唆的です。足尾銅山が有害物質を出していた明治時代、渡良瀬川流域を救うために一つの村が犠牲となり、多くの住民たちが北海道に引っ越して栃木村を名乗ります。ところが、その栃木村の住民の一部が昭和40年代に本土に戻っています。福島も150年後くらいにそういうことになるかもしれません。

——福島の原発観光地化計画の現状はどうですか。

「悲しみを受け継ぐ」というダークツーリズムの基本理念には賛成でも、原発関連の資金が入っていた地域では東電批判は言いづらいところがあるようで、同じ被災地でも原発マネーと無縁のところとかなり温度差があります。

——ツアーは旅行会社がやっているのですか。

現状では、市民団体がプロデュースするケースもかなりあります。しかしそうしたツアーは旅行業法に抵触する部分があるので、反対派はそれをついてくることもあります。私は陸路でしか福島第一原発に近づいたことがないのですが、規制の少ない地元の漁師さんの船で海上から原発を見るツアーもあります。

――福島以外の被災地はどうですか。

地元で意見が割れているのは遺構の取り扱いで、気仙沼に打ち上げられた第十八共徳丸は意見が二分されたまま撤去されました。船の持ち主が地元の人ではなく、残すことも考えたそうですが、地元の意見がまとまらずに撤去ということになったんです。ただ、撤去後は訪れる人も減ってしまい、共徳丸が人を惹きつけていたことが撤去をしてみてわかったわけですが、撤去が良かったのかどうかについては、結論はやはり出ていないようです。

――今後、我々は観光をどのように考えればいいのでしょうか。

観光は売上の予測もつきにくく、水商売のような側面もあります。ですから地域が観光に全面的に頼ることはリスキーです。京都やパリは財政的には観光なしでも充分やっていける地域です。ただ、京都やパリが世界遺産の指定文化財を抱えていることは、大きな意味があります。この仕組みで地域の景観が制度的に守られますから。

世界遺産に指定され、これで観光客が来ると喜んでいるのは日本だけです。開発ができなくなるという理由で世界遺産指定を返上するところも出ています。もともと世界遺産というのは地域を観光地化から守るという趣旨ですから（笑）。

――日本の旅行業者でダークツーリズムを扱っているところはありますか。

ダークツーリズムを前面に出したツアーは、九電産業の旅行部門が２０１５年の12月に初めて売り出しました。また、ダークツーリズムという言葉は使っていなくても、それに近いことは旅行会社のHISがやっています。HISは伝説的なバックパッカーだった澤田秀雄さんが創業した会社で、運賃が格安なところからお金のない若者が顧客に多いところで、ダークツーリズムに興味を持っている層と重なるんです。

——ダークツーリズムに興味があるのは若い女性のようなイメージがありますが。

いえ、若い男性が圧倒的です。バックパッカーも若い男性が多いでしょう? ダークツーリズムは個人の旅行が基本なので、安全性の面で、いまのところ若い男性が中心になっています。ただ、将来的には、いろいろな層に拡大していってほしいと思っています。

——きょうはありがとうございました。

注

[1] 福島第一原発観光地化計画は、思想家東浩紀が率いる株式会社ゲンロンによって進められている文化的視点からの福島の復興計画である。福島第一原発事故の記憶と記録を後世に伝えるため、観光(ダークツーリズム)を活用し、「フクシマ」のイメージを大胆にリニューアルするべきだと提案している。2012年の夏、東浩紀の呼びかけのもと、ジャーナリスト、社会学者、建築家やアーティストといったジャンルの異なるメンバーを集めて研究会が始動、被災地やチェルノブイリへの取材を経て、2013年の秋には書籍『福島第一原発観光地化計画』(ゲンロン)のかたちに結実した。本章執筆者の井出も研究会メンバーの一人である。

参考URL　http://ch.nicovideo.jp/fukuichikankoproject/

[2] 原爆ドームに関しては、立命館アジア太平洋大学の淵ノ上英樹准教授の論考を参考にした。

初出

『グラフィケーション』193号（2014年7月　富士ゼロックス株式会社発行）

執筆者一覧

村上《むらかみ》 喜郁《よしふみ》　追手門学院大学経営学部准教授　博士（商学）

宮《みや》宇《う》地《ち》俊岳《としたけ》　追手門学院大学経営学部准教授　博士（経済学）

中野《なかの》 統英《のぶひで》　追手門学院大学経営学部准教授　博士（工学）

岡崎《おかざき》 利美《としみ》　追手門学院大学経営学部准教授　修士（商学）

宮﨑《みやざき》 崇将《たかまさ》　追手門学院大学経営学部専任講師　博士（商学）

井出《いで》 明《あきら》　追手門学院大学経営学部准教授　博士（情報学）

（執筆順）

追手門学院大学ベンチャービジネス研究所

2006年開設。わが国や海外におけるベンチャービジネスの理論や実態、並びに、イノベーションを志す中堅中小企業の事業承継の調査研究を行い、Newsletterや『追手門学院大学 ベンチャービジネス・レビュー』の発行、経営セミナーの開催など地域社会に貢献する諸活動を行っている。

編著書　「事業承継入門1・2」編 2014年2月
　　　　「事業承継入門3」編 2015年2月

ベンチャービジネス研究1

—地域おこし、資本政策、IT技術、ファイナンス、物流管理、ダークツーリズム

2016年3月31日初版発行

編　者　追手門学院大学
　　　　ベンチャービジネス研究所

発行所　追手門学院大学出版会
〒567-8502
大阪府茨木市西安威2-1-15
電話（072）641-7749
http://www.otemon.ac.jp/

発売所　丸善出版株式会社
〒101-0051
東京都千代田区神田神保町2-17
電話（03）3512-3256
http://pub.maruzen.co.jp/

編集・製作協力　丸善雄松堂株式会社

組版／株式会社明昌堂
印刷・製本／大日本印刷株式会社
ISBN978-4-907574-14-7 C1034